東京大學史料編纂所編纂

大日本古記錄

薩戒記 別巻

岩波書店刊行

菊亭本薩戒記目録　遊紙見返押紙並第一丁表

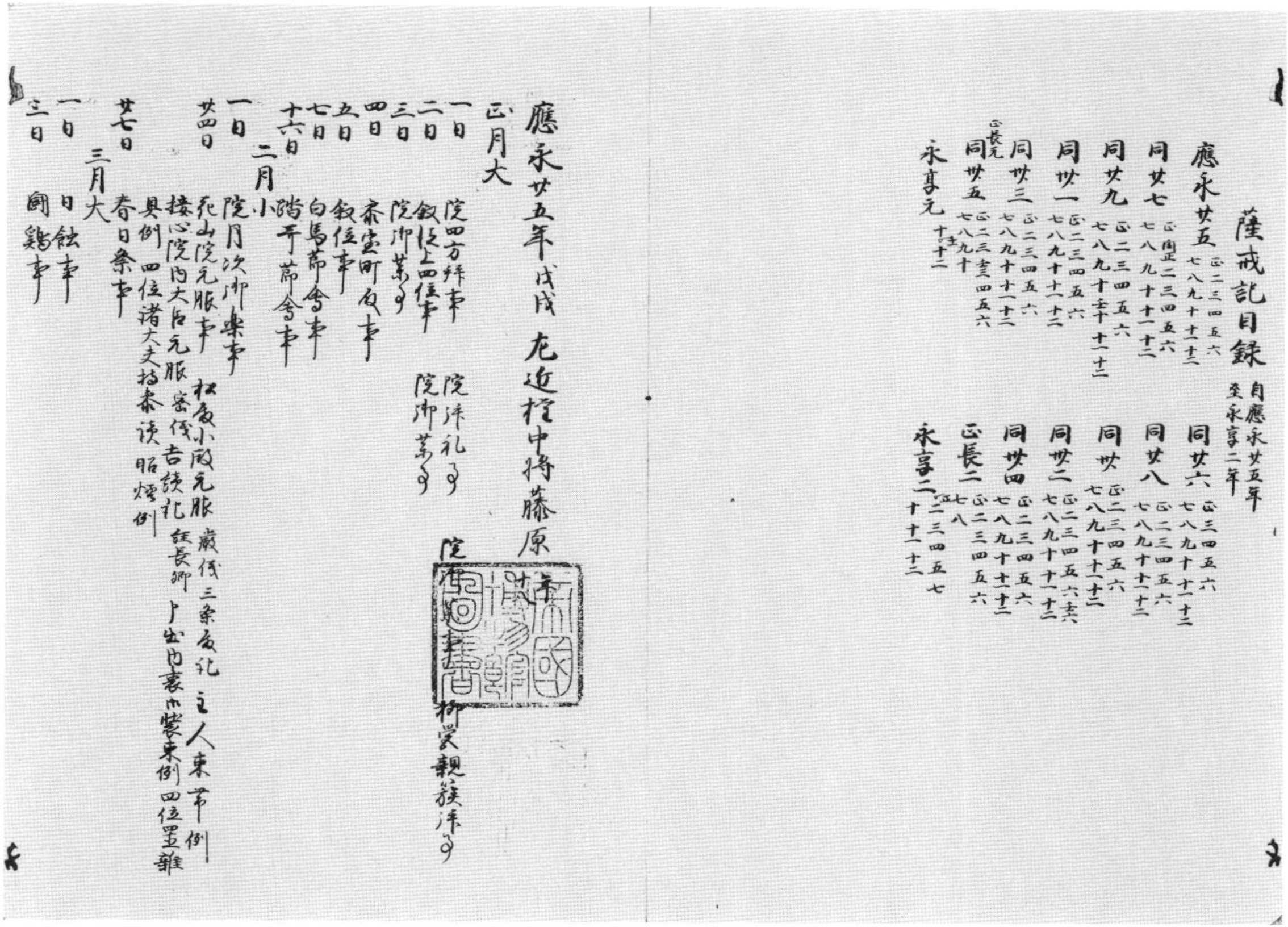

東京國立博物館所藏　原寸　縦二九・二糎

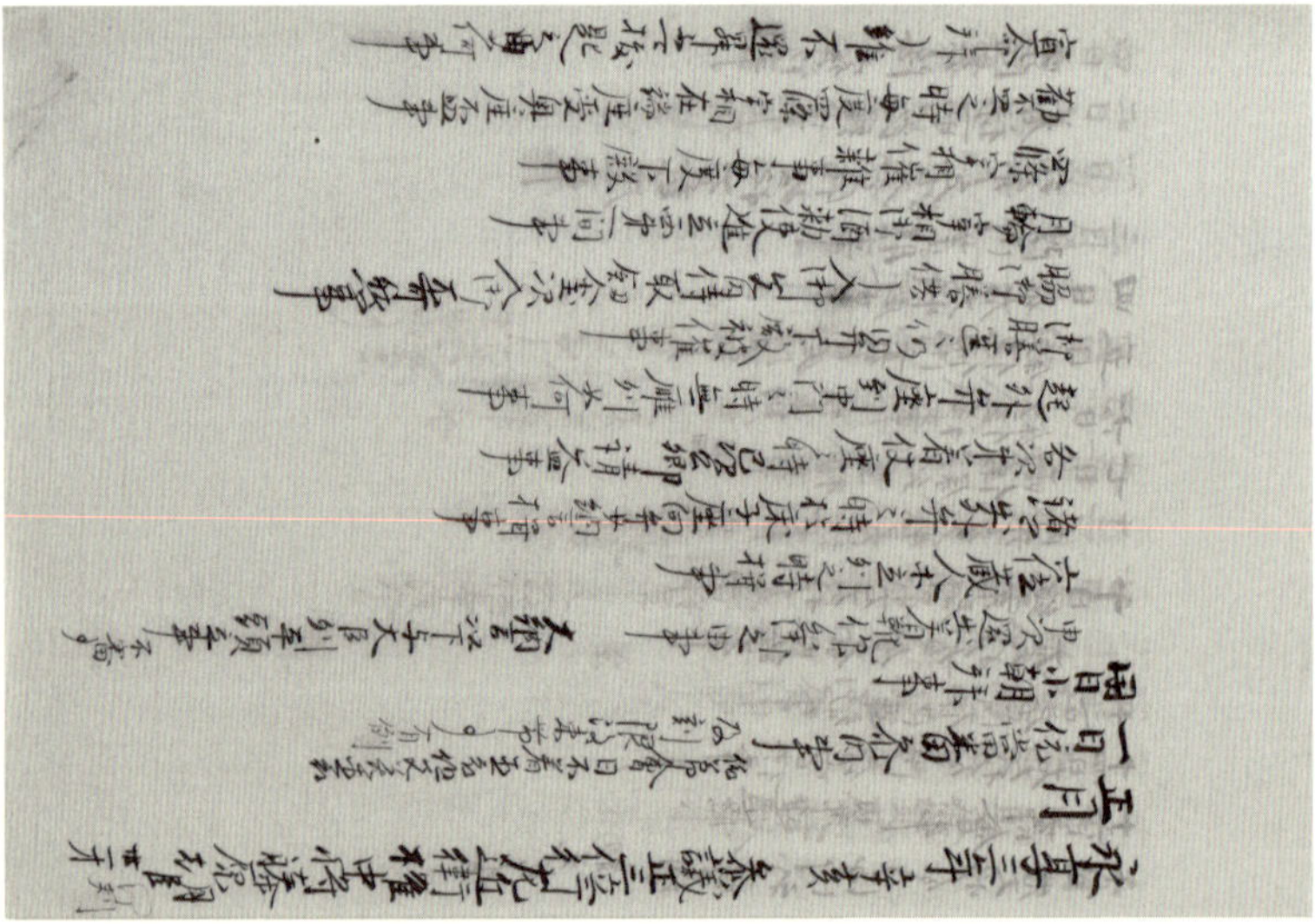

永享三年辛亥記　第一丁表
公益財團法人前田育德會尊經閣文庫所藏
原寸　縦二九・四糎

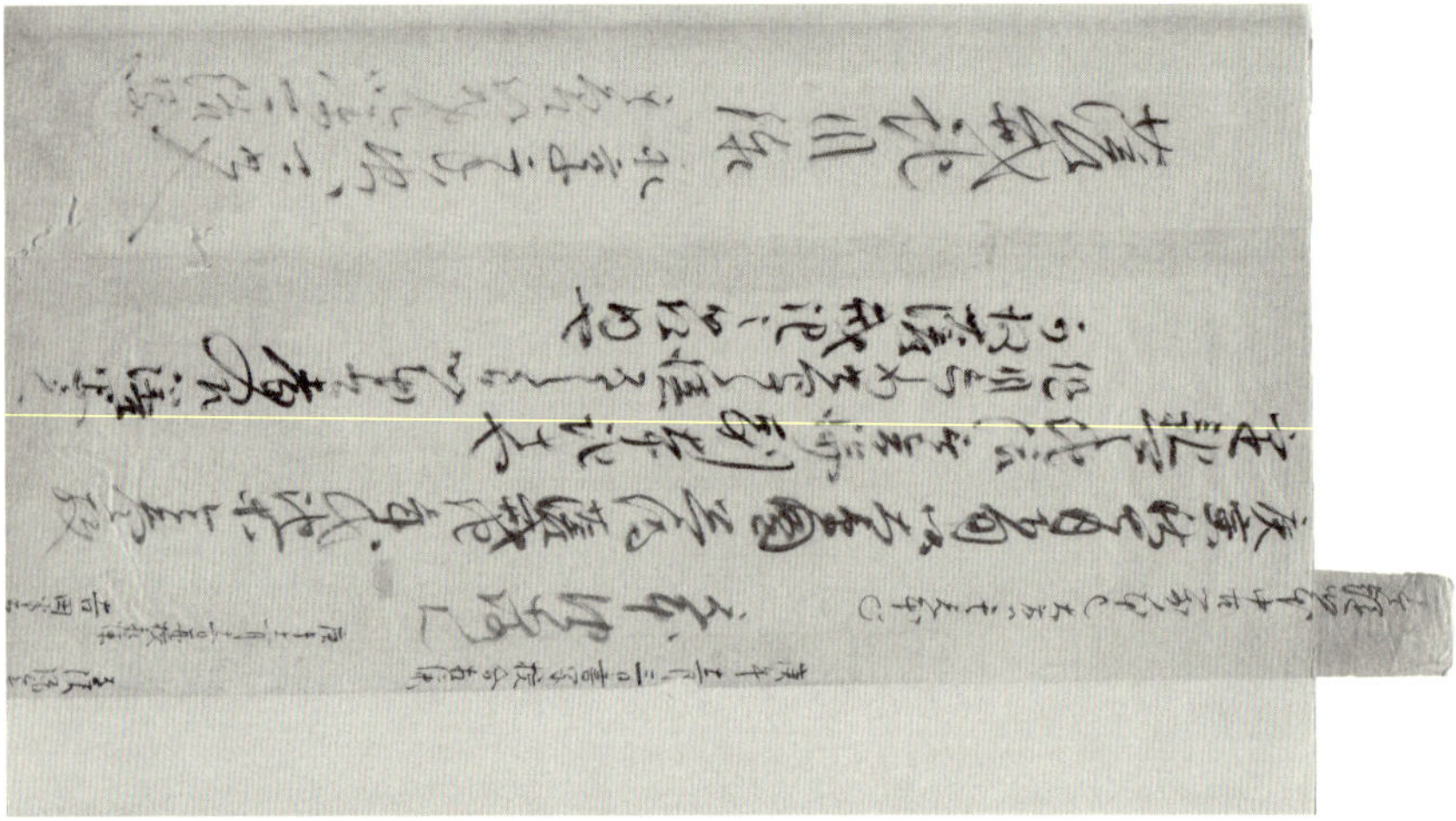

尊經閣文庫所藏薩戒記目錄　原表紙表
公益財團法人前田育德會尊經閣文庫所藏
原寸　縦三〇・七糎

例　言

一、本冊には、薩戒記目録三種を収めた。本冊の編纂に用ゐた諸本は次の通りである。
東京國立博物館所藏　薩戒記〈菊亭本〉第一册（寫本、薩戒記目錄）
御物　東山御文庫收藏　勅封一三函四〇　薩戒記第四一册（寫本、薩戒記目錄、符號㋪）
公益財團法人陽明文庫所藏　薩戒記目錄（寫本、符號㋒）
公益財團法人前田育德會尊經閣文庫所藏　永享三年辛亥記（寫本）
公益財團法人前田育德會尊經閣文庫所藏　薩戒記目錄（寫本）

一、日記の本文が現存する記事については、所收卷頁を注記した。

一、記事の年月を太字にて上部欄外に示した。

一、本文の文字の訂正箇所のうち、菊亭本薩戒記目錄については、對校本にその訂正が見えず、書寫の際の單純な誤りに起因すると判斷されるものについては、目錄原態の推敲の痕跡と區別するため、訂正にかかる抹消や重ね書きの態様、朱書は注記せず、直ちに訂正後の文字を採つた。永享三年辛亥記及び尊經閣文庫所藏薩戒記は、底本が孤本であるため、參考のため訂正にかかる抹消や重ね書きをそのまま存した。

一、その他の事項は、概ね前册までの例言に従ふ。

一、本册の刊行に當り、東京國立博物館・公益財團法人前田育德會尊經閣文庫より所藏本の底本としての利用を許された。記して謝意を表したい。

平成三十一年三月

東京大學　史料編纂所

目次

菊亭本薩戒記目録……一
永享三年辛亥記……一九八
尊經閣文庫所藏薩戒記目録……二三三

圖版

一、菊亭本薩戒記目録　遊紙見返押紙竝第一丁表（QA二二〇七中山定親『薩戒記　第一冊』Image: TNM Image Archives）
一、永享三年辛亥記　第一丁表
一、尊經閣文庫所藏薩戒記目録　原表紙表

○東京國立博物館所藏菊亭本薩戒記目錄ヲ以テ底本トシ、東山御文庫收藏薩戒記目錄（符號ヒ）・陽明文庫所藏薩戒記目錄（符號う）ノ內ヲ以テ校ス、

（表紙）
「薩戒記目錄 自應永廿五年 至永亨二年」

（內扉）
「薩戒記 目錄 自應永廿五年 至永亨二年」

（遊紙見返、押紙）
「薩戒記目錄 自應永廿五年 至永亨二年

應永廿五 正二三四五六七八九十十一十二
同廿六 正三四五六七八九十十一十二
同廿七 正閏正二三四五六七八九十十一十二
同廿八 正二三四五六七八九十十一十二
同廿九 正二三四五六七八九十閏十十一十二
同卅 正二三四五六七八九十十一十二
同卅一 正二三四五六七八九十十一十二
同卅二 正二三四五六閏六七八九十十一十二
同卅三 正二三四五六七八九十十一十二
同卅四 正二三四五六七八九十十一十二
正長元
同卅五 正二三閏三四五六七八九十
正長二 正二三四五六七八
永享元 （十一）十。十二
永享二 （正）。二三四五七十十一十二
」

應永二十五年

(1オ)應永廿五年戊戌、　左近權中將藤原(中山定親)年十八、

正月

正月大

一日　院(後小松上皇)四方拜事、○一巻二頁參照、　院拜礼事、○一巻二頁參照、　院御藥事、　柳營(足利義持)親簇〔族〕拜事、

從四位上ニ敍サル

二日　敍從上四位事、○一巻二頁參照、　院御藥事、

三日　院御藥事、

四日　參室町(義持)殿事、

敍位

五日　敍位事、○一巻三頁參照、

七日　白馬節會事、○一巻五頁參照、

十六日　踏哥節會事、○一巻六頁參照、

二月

二月小

一日　院(後小松上皇)月次御樂事、

廿四日　花山院(持忠)元服事、○一巻九頁參照、　松殿小殿元服、(藤原師家、治承二年四月二十六日)嚴儀、三条殿記(藤原實房)、　主人束帶例、○一巻十一頁參照、

廿七日　春日祭事、
〔栖カ〕
接心院内大臣元服、（藤原内實、弘安十年正月十一日）密儀、吉續記、（藤原）經長卿、中出内裏御装束例、四位置雑具例、四位諸大夫持参
〔續　脂　燭カ〕
讀昭煙例、

三月（頭書）

三月大

日蝕（頭書）
一日　日蝕事、○一巻十二頁参照、
三日　鬪鷄事、
（1ウ）
五日　一昨日火事〻、
八日　宣旨御下知事、○一巻十二頁参照、
縣召除目（頭書）
廿四日　除目始事、
廿五日　除目中夜也、
父中山滿親權大納言ニ任ゼラル（頭書）
廿七日　除目入眼事、（中山滿親、定親父、任權大納言）大納言御慶賀事、

四月（頭書）

四月

十五日　賀茂祭警固事、○一巻十三頁参照、

十七日　賀茂祭典侍（中山政子、定親妹）出立事、〇一巻十四頁參照、

廿五日　大納言（中山滿親、定親父）殿御拜賀事、〇一巻十七頁參照、

五月

五月

等持寺御八講

二日　ホ持寺八講始事、〇一巻十八頁參照、

三日　八講第二日也、〇一巻十九頁參照、

四日　同事、〇一巻二十頁參照、

五日　同事、〇一巻二十頁參照、

六日　御八講結願事、〇一巻二十頁參照、

足利滿詮薨ズ

廿四日　入道大納言滿詮（足利、法名道智）卿薨去事、〇一巻二十四頁參照、

六月

六月

廿五日　藏人佐宣光（廣橋）後朝儀爲對揚參入事、〇一巻二十四頁參照、

（應永）同廿五年秋冬

七月

（2オ）
七日　院（後小松上皇）乞巧奠事、　院七夕御樂事、　蘇合。（急）三反吹説事、
十七日　禁裏（稱光天皇）御修法事、○一巻二十五頁參照、
十八日　同事、
廿日　院月次御樂事、　禁裏御修法事、
廿一日　同事、
廿二日　同事、
廿八日　殿下（一條經嗣）若君（持玄）同柳營（足利義持）御猶子御出家事、　用八葉車事、　沓役事、

八月

八月

十三日　京極宰相中將（西園寺實光、本年八月四日任參議）拜賀事、
廿日　爲御共參宮事、

足利義持大神宮ニ詣ヅ

廿四日　室町殿（足利義持）御參宮事、
廿七日　還着京事、

十月

十月

一日　參室町殿（足利義持）事、　平座事、
五日　禁裏（稱光天皇）御修法事、　新中納言（德大寺實盛、本年三月二十七日任權中納言）拜賀事、
六日　御修法事、
七日　大納言（中山滿親、定親父）殿御番事、　七社奉幣事、
八日　御修法指燭事、

十一月

十一月

一日　參室町殿（足利義持）事、　忌火御飯陪膳事、
（2ウ）
足利義持石清水八幡宮ニ詣ヅ
十三日　爲室町殿御共下向八幡事、　新大納言（正親町三條公雅、本年六月任權大納言）拜賀事、
十四日　室町殿八幡御詣事、　供奉事、
十五日　放生會事、去八月（十五日）依神人訴訟延引了、
春日祭事、（二日）式日延引、依上卿（公雅）申請也、

十二月

父中山滿親權大納言ニ還任セラル

十二月

二日　(九條滿教轉左大臣、德大寺公俊轉右大臣)任大臣節會事、還宣旨事、　關白宣下事、(九條)滿教公、

(中山滿親、定親父、本年五月十四日辭)大納言殿令還任給事、　任人在之、

廿七日　(後小松上皇)院貢馬御覽事、

應永二十六年

(應永)同廿六年　(中山定親)左近衞權中將從四位上　十九歲、

正月

正月

一日　(中山滿親、定親父)參亞相殿御方事、無御出仕、　自(長快女、中山滿親母、定親祖母、足利義滿妾)柳原殿送賜扇事、

(足利義持)室町殿御參內(稱光天皇)幷院(後小松上皇)事、〇一卷二十八頁參照、

四方拜事、〇一卷二十八頁參照、　院拜礼事、〇一卷二十八頁參照、

(九條滿教)關白拜賀事、〇一卷二十八頁參照、

節會事、關白爲內弁事、次將ホ家礼間事、　〇一卷二十八頁參照、
廣橋大納言(兼宣)續內弁事、

〔三〕日　院御藥事、〇一卷二十九頁參照、　役供事、〇一卷二十九頁參照、　別殿行幸事、〇一卷二十九頁參照、

宗豐(葉室)遣少納言御教書〻様事、〇一巻二十九頁參照、

四日　參賀室町殿事、

敍位

(3オ)〔六〕日　敍位儀事、敍人、宗富(難波、敍從五位上)一級申沙汰事、侍從有親(中山、定親弟、敍從五位上)一級事、〇一巻三十頁參照、

右大將(西園寺實永)依一大納言不取笏文事、〇一巻三十一頁參照、　依公卿不足頭弁(日野町藤光)取笏文事、〇一巻三十一頁參照、

院年預別當盛光(日野西)覽吉書事、　袖書不審事、〇一巻三十一頁參照、

院御給依無其人被用作名事、〇一巻三十二頁參照、

七日　節會事、參陣事、〇一巻三十二頁參照、　可立敍列之公卿加參列事并着座、〇一巻三十四頁參照、

十日　諸人群參室町殿事、

十五日　被催院三毬打事、〇一巻三十六頁參照、　又內裏三毬打被催事、

十六日　右府(德大寺公俊、應永二十五年十二月二日轉右大臣)拜賀事、見物了、　同着陣事、無申文、

節會事、〇一巻三十七頁參照、

十八日　禁中并院中三毬打事、

三月

三月

日蝕

一日　日蝕也、　參室町殿(足利義持)事、

足利義持石清水八幡宮ニ詣ヅ

縣召除目

九日　爲明日室町殿御座覽〔歷カ〕、無下向八幡事、

十日　室町殿八幡御詣事、供奉事、

除目入眼事、任人、　藏人弁經興(勸修寺)直補貫首事、

秀光(日野)・宣光(廣橋)爭申弁官事、　爲淸(五條)望中少納言事、

大納言殿(中山滿親、定親父)御申文事、○一卷四十頁參照、

十五日　明日禁裏(稱光天皇)和哥御會始、予參仕間事、○一卷四十一頁參照、　藏人佐宣光任弁官事、

十六日　被召加禁裏和哥御會事、○一卷四十一頁參照、　頭弁經興朝臣拜賀事、

當代初度ノ禁裏和歌御會

(3ウ)

禁裏和哥御會事、當座初度〔代ヒ〕、　○一卷四十二頁參照、

院和歌御會

廿一日　院(後小松上皇)和哥御會被催事、○一卷四十六頁參照、

廿八日　院和哥御會事、參仕事、　○一卷四十六頁參照、

四月

四月

一日　參室町殿(足利義持)事、

無平座事、依職事不參停止事、六位藏人仰平座、仰詞爲定例事、

內大臣殿(義持)御院(後小松上皇)參事、

賀茂祭

廿一日　賀茂祭警固召仰事、
廿三日　同祭事、
廿四日　解陣事、

五月

五月

一日　參室町殿(足利義持)事、
等持寺御八講
二日　朩持寺御八講事、大納言(中山滿親、定親父、應永二十五年十二月二日還任權大納言)殿再任御慶申事、
三日　同第二日事、
四日　同第三日事、
〔五〕日　參室町殿事、　御八講第四日事、
〔六〕日　御八講結願事、　爲御布施取參入事、

六月

六月

十四日　祇園臨時祭陪膳被催事、〇一卷五十頁參照、
祇園臨時祭
十五日　祇園臨時祭事、　參勤陪膳事、

(4オ)
廿九日　今夜頭弁経興(勸修寺、本年三月十日補藏人頭)朝臣宿侍始事、

卅日　頭弁宿侍後朝儀事、　爲對揚參入事、

七月

六日　傳受蘇合曲事、○一卷五十二頁參照、

七日　院(後小松上皇)御樂事、○一卷五十二頁參照、　院草花被立事、○一卷五十四頁參照、

院幷內(稱光天皇)乞巧奠事、○一卷五十四頁參照、

十六日　內大臣殿(足利義持)放生會御參行御扈從被催事、○一卷五十四頁參照、

廿日　放生會御參行扈從間事万里小路中納言(時房)申談事、○一卷五十五頁參照、

院妙音天供養御樂事、○一卷五十五頁參照、

八月

七日　小除目事、○一卷五十六頁參照、　大理(裏松義資)宣下事、○一卷五十七頁參照、

來廿三日院(後小松上皇)舞御覽被催事、○一卷五十七頁參照、

十日　來廿一日行幸(稱光天皇)院可供奉之由、被催事、○一卷五十八頁參照、

足利義持石清水放生會ニ參向ス

十五日　放生會事、〇一巻五十八頁參照、

（足利義持）
內大臣殿御參行事、〇一巻五十八頁參照、　（中山滿親、定親父）大納言扈從事、〇一巻五十九頁參照、

十七日　祈年穀奉幣事、〇一巻六十六頁參照、

後小松上皇ニ行幸アリ

廿一日　行幸院事、供奉事、　〇一巻七十頁參照、

廿三日　舞御覽事、參仕事、　〇一巻七十四頁參照、

義持參院ス

廿四日　內相府御院參事、〇一巻七十八頁參照、

廿五日　還御土御門殿事、供奉事、　〇一巻七十八頁參照、

被仰解陣事、〇一巻七十九頁參照、

（4ウ）

九月

足利義持大神宮ニ詣ヅ

（足利義持）
內大臣殿御參太神宮事、〇義持本月十八日ニ大神宮ニ參詣ス、一巻八十頁參照、

十三日　室町殿御願北野社舞樂事、有荒序、　〇一巻七十九頁參照、

（豐原）
氏秋被止舞裝束奉行事、〇一巻八十頁參照、

十月

四日　院内々（後小松上皇）御樂事、
十二日　月次御樂被催事、○一卷八十一頁參照、
十五日　院月次御樂事、
十九日　妙法院（堯仁法親王）御弟子宮（明仁法親王）院御猶子、入室事、
廿六日　院宮（承道法親王）實故宮（世平王）御子、令渡御室（永助法親王）給事、爲御弟子也、　○一卷八十一頁參照、

十一月

十一月

〔三〕日　天台座主（義圓）宣下事、大納言殿（中山滿親、定親父）御奉行也、同御着陣事、　○一卷八十二頁參照、
日　大納言殿令參座主准后給事、
廿日　被發遣外宮神寶事、
姫宮（後小松上皇皇女）御着袴御前物役供被催事、○一卷八十二頁參照、

後小松上皇皇女着袴參仕ス

廿五日　院姫宮御着袴事、役供參勤事、
廿八日　院月次御樂事、○一卷八十三頁參照、

十二月

十二月

任大臣節會

五日　任大臣節會事、大納言(中山滿親、定親父)殿御參事、○德大寺公俊轉左大臣、二條持基轉右大臣、西園寺實永任內大臣、

(5オ)十四日　內侍所御神樂出御(稱光天皇)、可候御劔之由、有催事、○一卷八十三頁參照、

廿一日　內侍所御神樂事、候御劔事、○一卷八十四頁參照、

廿三日　院(後小松上皇)月次御樂事、

廿七日　貢馬御覽事、

應永二十七年

同(應永)廿七年　正四位下行左近衞權中將(中山定親)　廿歲、

正月

正月

一日　室町殿(足利義持)御參內(稱光天皇)幷院(後小松上皇)事、大納言(中山滿親、定親父)殿御參事、

院拜礼事、見物了、

院御藥事、有御馬御覽、　小朝拜事、

節會事、○一卷八十五頁參照、

二日　院御藥事、

三日　院御藥事、役供參仕事、

敍位
正四位下ニ敍サル

五日　敍位儀事、敍正下四位事、○一卷八十八頁參照、
一条大納言(兼良)拜賀事弁着陣事、○一卷八十八頁參照、
季俊朝臣(四辻)超越人〻事、　持來位記事、

七日　白馬節會事、大納言殿御參事、○一卷九十頁參照、
右府(二條持基、應永二十六年十二月五日轉右大臣)拜賀事弁着陣事、○一卷九十頁參照、
大納言(滿親)令續內弁給事、○一卷九十三頁參照、　雨儀宣命版事、○一卷九十二頁參照、
參議入軒廊間事、○一卷九十六頁參照、　次將与職事問答事、○一卷九十六頁參照、
依右無人左將(飛鳥井雅永)渡事、○一卷九十六頁參照、　右右[左]馬代事相論事、○一卷九十六頁參照、

(5ウ)

大將(持基)加白馬奏署事、○一卷九十七頁參照、　雨儀位記案立所事、○一卷九十七頁參照、
內弁(持基)早出之時、被止隨身前聲事、○一卷九十七頁參照、　右中弁(日野西盛光)欲着少納言上事、○一卷九十七頁參照、
坊家奏取次次將(田向長資)出立事、○一卷九十七頁參照、

十六日　內府(西園寺實永、應永二十六年十二月五日任內大臣)拜賀事、　新宰相中將通淳(中院、應永二十六年十二月五日任參議)拜賀事、
節會事、候陣事、　廣橋大納言(兼宣)內弁謝座之時可立之由、示次將事、
出御之時警蹕有家說事、

廿三日　可被補藏人頭之由、內〻有沙汰事、

廿五日　來（九日）二月寶幢寺供養御（滿親）參事被催事、○一卷九十七頁參照、
院月次御樂事、
廿八日　寶幢寺供養出仕間事自花頂僧正（定助）被示合事、
為御使向花頂僧正御坊事、
廿九日　寶幢供〔寺脫〕養予補藏人頭可供奉事、

閏正月

閏正月

一日　寶幢寺供〔養脫〕御諷誦願文事被仰菅宰相（東坊城長遠）事、
主人（足利義持）御指貫色為款冬、如此色他人不可着用事、
八日　任大臣節會參陣被催事、○一卷九十八頁參照、
十三日　新藤宰相藤光、（日野町、本年正月五日敍正四位下）着陣事、　久我中納言（清通、本年正月五日敍）従二位後着陣事、
寶幢寺供養御出前駈被催事、○一卷九十九頁參照、
任大臣節會事幷小除目事、○德大寺公俊轉太政大臣、二條持基轉左大臣、西園寺實永轉右大臣、三條公光任內大臣、

藏人頭ニ補サル

補藏人頭事、　告使來事、賜祿、
（6オ）
十四日　參室町殿（義持）畏申貫首事〻、　參左府（二條持基）賀申事、

尋殿上分配於出納事、　人〻或使、或消息、被賀貫首事〻、

十五日　自木工寮持來祈年祭惣用注文事、付女房進入院(後小松上皇)事、

十六日　人〻來賀事、

十八日　參院伺申祈年祭条〻事、幷方〻相觸事、　催上卿・〔弁〕(ヒ)ホ事、消息案有之、○一巻九十九頁参照、

祭主(大中臣通直)三位書礼事、

十九日　頭弁(日野西盛光)奉殿上管領与奪公事〻、○一巻百二頁参照、　殿上管領近代示〔不カ〕被仰弁事、

廿日　大納言(中山満親、定親父)殿御參院、令伺申禁色宣下事〻、　奉仰被仰遣俊國(坊城)事、

俊國任弁官(本年閏正月十二日任權右少辨)未拜賀以前書口宣、如何事、

廿一日　重相催祈年祭上卿事、○一巻百二頁参照、

廿五日　寶幢寺供養執綱沙汰事、

廿七日　同事、

二月

于時藏人頭(中山定親)正四位上行左近衛權中將　廿歲、

一日　參室町殿(足利義持)事、

大理染装束着用例事、

寶幢寺供養樂行事間事、

三日　藏人頭拜賀間事、相催方〻消息案有之、　○一巻百三頁參照、

禁色宣旨ヲ蒙ル

召使持來禁色宣旨事、不及祿、　○一巻百四頁參照、

四日　祈年祭延引事、上卿・弁依丙穢也、　○一巻百五頁參照、

相尋日次事、　延引之由、相觸事、

（6ウ）

大祓有無事、

七日　下行拜賀日訪ホ事、

寶幢寺供養

九日　寶幢寺供養事、准齋會也、　供奉事、

奉行宣光（廣橋）依同所勞不出仕事、

藏人頭ノ拜賀ヲ遂グ

藏人頭拜賀事、○一巻百六頁參照、　頭弁（日野西盛光）拜賀事、

人〻拜賀事、　右大將（一條兼良、本年閏正月十日任右近衛大將）被拜賀事、自可（下カ）車所扈從、

內府（三條公光、本年閏正月十三日任內大臣）拜賀事、勤申次事、

十一日　祈年祭相觸事、○一巻百七頁參照、

十三日　參殿（九條滿敎）下事、申拜賀日不參礼了、

一条中納言（實秋）祈年祭上卿也、可着陣（本年閏正月十三日還任權中納言）、可下吉書之由、送消息事、納言着陣、藏人頭下吉書例事、　○一巻百九頁參照、

祈年祭事、先有日時定儀了、

十九日　相觸御燈事、〇一卷百九頁參照、

廿六日　室町殿八幡御社參可供奉之由、被催事、〇一卷百十頁參照、

廿七日　院御燈陪膳可參勤之由、被催事、〇一卷百十一頁參照、

廿八日　内(稱光天皇)御燈御禊刻限早速可申沙汰之由、被仰下事、

御燈刻限相觸事、〇一卷百十一頁參照、　下行物注文進別當(東坊城茂子)局事、

來月別當〔殿〕行幸可申沙汰之由、頭弁示之事、〇一卷百十二頁參照、

三月

一日　院(後小松上皇)御燈御禊事、候陪膳事、

(7オ)

二日　權僧正快玄宣下事、口宣、〇一卷百十二頁參照、

三日　御燈御禊事、申沙汰了、

五日　來月院御懺法可奉行之由、被仰下事、〇一卷百十三頁參照、

八日　御懺法自來月廿一日可被行之由、被仰事、〇一卷百十四頁參照、

同事下知主典代(安倍資行)事、〇一卷百十五頁參照、　条々注進事、〇一卷百十六頁參照、

足利義持石清水八幡宮ニ詣ヅ

十一日　室町殿(足利義持)八幡御詣事、供奉事、

十五日　法眼忠助(定親弟)宣下事、口宣、○一巻百十六頁參照、

十六日　御懺法間事、

着座公卿幷僧衆ホ御點以下事、

勾當內侍(藤原能子)依所勞可出家之故被任典侍事、口宣、○一巻百十七頁參照、

廿日　御懺法間事、○一巻百十八頁參照、

北野社一切經會ヲ再興ス

廿一日　北野一切經會再興被行事、

縣召除目

廿二日〔三ヒう〕　除目始事、早參事、

雨儀筥。文列事、

廿四日　除目延引事、

廿五日　除目第二日事、追申文可撰定之哉否事、

廿六日　除目入眼事、

御懺法僧衆事、

廿七日　御懺法日次第仰主典代資行事、○一巻百十八頁參照、

同僧衆相觸事、○一巻百十八頁參照、

（7ウ）
廿八日　賀茂祭近衞使可勤之由、廣橋大納言（兼宣）奉書到來事、
院月次御樂事、
卅日　松尾祭間事相觸事、

四月

一日　參室町殿（足利義持）事、　室町殿御院（後小松上皇）參事、
平座事、
三日　於院有猿樂事、
四日　御懺法間事条〻伺申事、　同散華殿上人被下御點事、
五日　御懺法散花殿上人以下相觸事、〇一卷百二十頁參照、（御治世衍）
御治世院之時、於公家事者用宿紙、於院中事者猶可用白紙事、
松尾祭出車責伏爲之朝臣（冷泉）事、〇一卷百二十四頁參照、
六日　御懺法間事、
松尾祭間事、〇一卷百二十四頁參照、
七日　洞院大納言（滿季）可爲御懺法共行（奉カ）由、被仰下事、〇一卷百二十四頁參照、　同散花殿上人申散狀事、〇一卷百二十五頁參照、

八日　御懺法御所中掃除間事、　松尾祭出車事、〇一巻百二十六頁參照、
九日　御懺法間事、〇一巻百二十六頁參照、
十日　平野臨時祭事、　松尾祭依神人訴訟延引事、〇一巻百二十七頁參照、
十一日　權僧正宗海宣下、口宣、　〇一巻百二十七頁參照、
十二日　御懺法間事、　敷砂事相觸諸門跡・賀茂社ホ事、〇一巻百二十八頁參照、
(8オ)
十三日　御懺法廳官御訪事、
秀光（日野）四品宣下事、口宣、
十四日　松尾祭可爲次支干之由、相觸事、　同惣用事、
十五日　御懺法間条〻中沙汰事、
右中將兼英（白川）除服宣下事、用御教書、不可然事、重服也、
十六日　隱岐守豐原氏秋宣下事、口宣、
十七日　院御懺法始事、故鹿苑院入道殿（足利義滿、應永十五年五月六日薨）十三回御追善也、

後小松上皇足利義滿十三回追善ノ法華懺法ヲ行フ

中沙汰事、
雖院中、先例猶齋月被憚佛事無其沙汰、如何事、
十八日　御懺法第二日事、

廿日　御懺法第四日事、依中日有御講事、

廿一日　同第五日事、

警固召仰事、

廿二日　御懺法第六日事、依警固中巻纓事、

廿三日　賀茂祭事、

依祭日御懺法不被行事、

廿四日　院御懺法結願事、依解陣以前巻纓事、

蘇合四帖祕説事、

廿八日　院月次御樂可參事、

廿九日　月次御樂事、

(8ウ)

五月

五月

一日　四日座主(義圓)御坊十種供養可參事、

等持寺御八講

二日　ホ持寺御八講初日事、大納言殿(中山満親、定親父)御參、

三日　同第二日事、同、

四日　從四位上盛光（日野西）朝臣宣下事、口宣、
　座主御坊青蓮院、十種供養事、參仕事、　有万秋樂事、

祈雨奉幣

五日　祈雨奉幣事、大納言殿御奉行、

六日　ホ持寺御八講結願事、
　雖職事參入事、當時職事取追善法事布施、如何事、

十三日　太神宮祢宜ホ位階宣下事、口宣、
　被仰下太神宮奉行事、　同神事間事、

大神宮奉行ヲ命ゼラル

十五日　廣橋（兼宣）大納言輕服除（ヒ）[服]宣下事、用御教書、
　院（後小松上皇）月次御樂事、

十六日　高階時經從五位上宣下事、口宣、

十九日　祈雨奉幣可申沙汰之由、被仰下事、

廿日　同事相觸事、消息、

祈雨奉幣

廿一日　祈雨奉幣事、
　永基（高倉）四品宣下事、口宣、

院七佛藥師法

廿四日　院七佛藥師法始行事、有行道樂、

（9オ）

廿六日　大法結願日裝束事別當（勸修寺經興）申談大納言殿事、

廿七日　忌火御飯陪膳被催事、

廿八日　同事、

廿九日　宗富（難波）從五位上宣下事、口宣、

六月

一日　參室町殿（足利義持）事、

忌火御飯陪膳參勤事、

祈雨奉幣可申沙汰之由、被仰事、相尋日次事、

二日　院（後小松上皇）七佛藥師法結願事、大納言（中山滿親、定親父）殿御參、予參入、

衞府官輩可帶劔哉否事、

祈雨奉幣申沙汰間事、御教書、

祈雨奉幣奉行ス

三日　祈雨奉幣事、奉行、

五日　別殿行幸（稱光天皇）申沙汰事、有御教書案、

六日　大外記師勝（中原）從上四位所望事、

九日　祇園臨時祭申沙汰事、御教書、

十一日〔二ヒう〕　別殿行幸事、奉行、

十四日　祇園御靈會風流物參內裏并仙洞事、

十五日　祇園臨時祭御禊事、奉行、

十七日　源（五辻）教仲正下五位幷兵ア大輔宣下事、口宣、

十八日（9ウ）　大中臣親通神祇權少副宣下事、口宣、

廿三日　敎有（山科）・敎豐（山科）朩朝臣輕服除服事、用御教書、

廿六日　祭主三位申（大中臣通直）荒木田永延〔英ヒう〕敍爵所望事、付傳奏〻聞事、消息、

廿七日　大中臣爲雅敍爵宣下事、口宣、

院月次御樂事、

登天樂拍子數事、

廿九日　院六月祓陪膳可參勤之由、以催〔被カ〕事、申故障了、

七月

一日　參室町殿（足利義持）事、

別殿行幸奉行ス

祇園臨時祭御禊奉行ス

七月

神泉苑ニ於テ御讀經ヲ修ス

二日　自今日於神泉苑御讀經事、　七夕御樂被催事、

四日　神泉苑御讀經事、

仙洞猿樂

五日　仙洞（後小松上皇）猿樂事、

豐原敦秋敍爵宣下事、

七日　參室町殿事、

院御樂事、孝長（藤原）朝臣辭申左府（二條持基）比巴役退出事、

同乞巧奠事、

十九日　室町殿御院參事、

廿二日　師勝（中原）朝臣從上四位宣下事、口宣、

足利義持北野社ニ參籠ス

廿三日　室町殿御參籠北野事、

來廿六日別殿行幸（稱光天皇）早〔參カ〕座被催事、」

（10オ）

廿六日　依室町殿御法樂於北野宮有舞樂事、

八月

八月

一日　參室町殿（足利義持）事、

北野臨時祭早參被催事、
三日　室町殿御院（後小松上皇）參事、　嵯峨御幸沙汰事、
四日　荒木田永英敍爵宣下事、
且可從神事由、下知祭主（大中臣通直）事、消息、
北野臨時祭事、陪膳、
五日　駒牽事相觸事、消息、
六日　同事、
九日　廣橋大納言（兼宣）輕服除服宣下事、遣御教書了、
十一日　尺奠事、
十三日　祈年穀奉幣可早參之由、被催事、
十四日　駒牽間事、
十五日　放生會事、
院內〻御會事、
十六日　駒引事、奉行、
駒牽奉行ス
十七日　左馬助季行（花山院）宣下、口宣、　權少僧都澄賢宣下事、

（10ウ）

廿二日　來月御燈御禊幷廿五日祈年穀奉幣㐧早參被催事、
廿五日　祈年穀奉幣事、早參事、
廿八日　月次御樂被催事、（四辻）季保朝臣奉行、
廿九日　院御燈陪膳被催事、（清閑寺家俊）吉田前中納言奉行、
　院月次御樂事、
　兼勝法橋宣下事、口宣、

（約十行分空白）

（11オ）

九月

一日　（後小松上皇）院御灯御禊事、候陪膳事、
二日　別殿（稱光天皇）行幸可早參之由、有催事、
　嵯峨御幸供奉事被催侍從（中山、定親弟）有親事、
三日　御燈事、
足利義持煩フ
四日　（足利義持）室町殿御不例事、
六日　依御風氣幸〔事ヒう〕參室町殿事、

九日　平座事、

　仙洞内々御節供事、勤役供事、

別殿行幸奉行ス

十日　別殿行幸事、奉行、

十一日　例幣事、

義持煩フニ依リ石清水八幡宮一社奉幣ヲ行フ

十五日　八幡一社奉幣事、室町殿御不例御祈也、

十六日　室町殿依御不例御祈、被行赦免事、

院御所ニ於テ侍搦取ラル

　院御所侍(左衛門二郎男)被搦取事、

十七日　院御所侍今夜被誅事、

廿一日　内侍所臨時御神樂可申沙汰之由、被仰下事、　同相觸事、消息、

廿三日　臨時御神樂間事、

廿四日　禪融權大僧都宣下事、

廿五日　臨時御神樂間事、鋪設沙汰事、

(11ウ)

廿六日　職重(源)被補出納事、

　御神樂鋪設沙汰事、　御神樂間事、

廿七日　御神樂延引由、相觸事、御教書、

平座相觸事、

内侍所臨時御神樂

廿八日　內侍〔所脱〕臨時御神樂事、

十月

十月

一日　平座事、奉行、

宗豐(葉室)朝臣弁〔弁ヒう〕、着常下重事、

五日　春日祭相觸事、

小川宮參內ス

六日　院(後小松上皇)二宮(小川宮)御參內(稱光天皇)事、明日可有院參事、

小川宮義絶ノ後初メテ後小松院ト對面アリ

七日　院二宮御參仙洞、自去(三日)正月御義絶、今日始有御對面事、

九日　釆女養料御教書〻遣事、

十一日　院二宮入御別當(勸修寺經興)第事、

十四日　僧官ホ宣下事、口宣、

室町殿七佛藥師法

廿三日　自今日於室町殿(足利義持)被始行七仏藥師法事、

廿六日　別殿行幸事、

中原康富御訪加增ヲ需ム

廿九日　權少外記康富(中原)春日祭參向御訪申加增事、

十一月

（12オ）
一日　忌火御飯陪膳事、頭弁（日野西盛光）勤之、
室町殿（足利義持）七佛藥師法結願事、無儀、
三日　春日祭間事、
四日　春日祭出車間事、相觸一乘院（昭圓）、
七日　延暦寺受戒和尚事自座主（義圓）承事、　同奏聞事、
十日　同宣下事、口宣、
十二日　春日祭事、奉行、
十三日　平野臨時祭御禊事、陪眼〔膳㋒〕、
十五日　室町殿七佛藥師法結願事、
園韓神祭事、
法印尊賀・法橋頼全宣下事、口宣、
豐明平座事、
解齋御粥事、陪膳、

春日祭奉行ス

十九日　吉田祭事、
廿四日　任大臣節會可申沙汰由、被仰下事、　同相觸事、消息、
廿五日　來月三日爲國忌（天智天皇、天智天皇十年十二月三日崩）廢務、任大臣如何事、
廿七日　任大臣節會間事、
園韓神祭相觸事、

十二月

十二月

(12ウ)
一日　參室町（足利義持）殿事、
參殿下、九条（満教）、申來五日任大臣節會之由事、同〔内う〕覽申請了、
任大臣節會延引事相觸之事、
二日　高階經兼敍爵宣下事、口宣、
五日　任大臣節會事、奉行、　○三條公光轉右大臣、大炊御門宗氏任内大臣、

任大臣節會奉行ス

六日　任大臣小折紙進入殿下事、
權僧正光賀宣下事、
七日　來十四日御參宮（大神宮）御共被催事、別當經興（勧修寺）奉行、

踏歌節會可申沙汰之由、頭弁(日野西盛光)示送事、

十一日　月次神〔今　食カ〕　事、

十二日　解齋御粥事、

十五日　月次御樂被催事、權中納言(正親町實秀)奉行、

十六日　參座主准后(義圓)幷花頂僧正(定助)坊ホ事、

十七日　殿上淵醉早參事被催事幷敍位日早座〔參カ〕事、

十九日　仙洞(後小松上皇)御粥事、　大飲事、

廿一日　內侍所御神樂依禁中犬產穢延引事、

廿四日　別殿行幸(稱光天皇)事、

藏人左少弁定〔宣ヒ〕光(廣橋)候脂燭事、

廿五日　室町殿御不例之後、今日始令參院給、於二位殿(日野西資子)御方有御對面、

足利義持煩フノ後初メテ參院ス

廿七日　貢馬御覽事、

今日爲院御沙汰、於八幡被行御神樂事、文永〔三年正月十八日カ〕例云々、

後小松上皇沙汰トシテ石清水八幡宮ニ於テ神樂アリ

(13オ)

廿九日　大中臣宣直正四位下宣下事、賜去正月十三日位記、口宣、

內侍所御神樂事、

押職事分配事、予不參、

卅日　左大弁宰相行光(柳原)・別當經興、正四位下宣下事、口宣、

同(應永)廿八年　藏人頭(中山定親)正四位上行左近衞權中將廿一歳、

正月

一日　四方拜事、

院(後小松上皇)四方拜事、　室町殿(足利義持)御參內(稱光天皇)幷院事、

同御藥事、〇一卷百三十一頁參照、　有御馬御覽幷御牛、

院拜礼事、〇一卷百三十一頁參照、　大納言殿(中山滿親、定親父)御參、〇一卷百三十一頁參照、　參入事、〇一卷百三十一頁參照、

小朝拜事、〇一卷百三十一頁參照、

節會事、〇一卷百三十二頁參照、

二日　院御藥事、〇一卷百三十四頁參照、　用巡方帶・螺鈿太刀事、〇一卷百三十四頁參照、

殿上淵醉事、〇一卷百三十四頁參照、　兩頭(定親・日野西盛光)着座有議、予退出事、〇一卷百三十四頁參照、

五日　敍位儀事、大納言殿御參、予不參、依祖父(土岐滿貞)服出來也、大納言殿入眼上卿勤給事、〇一卷百三十五頁參照、

六日　有親（中山、定親弟、敍正五位下）・經直（勸修寺、敍從五位上）被書入敍位簿事、消息有之、　〇一巻百三十六頁參照、

七日　節會事、依輕服不出仕、

（13ウ）

十日　緇素群參室町殿事、

踏哥節會奉行事自頭弁（盛光）尋問事、〇一巻百三十七頁參照、

十二日　正三位信宗（大炊御門）・從四上（下）公興（八條）・正五下永豐（高倉）朩被書入敍位簿事、消息、　〇一巻百三十八頁參照、

十五日　禁裏三毬打被觸事、〇一巻百三十九頁參照、

廿三日　御樂始被催事、權中納言（正親町實秀）奉行、　〇一巻百四十一頁參照、

十六日　節會事、予依輕服不申沙汰事、大納言殿御見物事、　〇一巻百四十頁參照、

十八日　內裏三毬打事、

廿日　仙洞三毬打、雲客風流事、

廿二日　爲飢饉土民被引施行事、

飢饉ニ依リ施行アリ

伊勢宮司（荒木田永英）敍爵申間事依輕服直可付傳奏（大炊御門宗氏）之由、答事、〇一巻百四十頁參照、

廿三日　柳原殿（長快女、中山滿親母、定親祖母、足利義滿妾）渡御大納言殿御方事、

廿七日　大原野祭依輕服不可叶欤之由、示送頭弁許事、猶可申沙汰之、有返答、不可相憚之由也、　〇一巻百四十一頁參照、

廿九日　室町殿有御參內事、

仙洞番被成十番之由、日野中納言(有光)觸申大納言殿事、〇一巻百四十三頁參照、

二月

一日　大納言殿(中山滿親、定親父)依御番御參院(後小松上皇)事、
　大原野祭上卿事被伺申事、
二日　大原野祭相觸事、〇一巻百四十四頁參照、
三日　同祭間事、上卿出〔車脱カ〕事、〇一巻百四十四頁參照、　別殿(稱光天皇)行幸早參被催事、〇一巻百四十五頁參照、
(14オ)
四日　大原野祭間事、出車事、　〇一巻百四十五頁參照、
五日　同祭上卿(德大寺實盛)事、幷弁事、〇一巻百四十六頁參照、
六日　同祭弁事、
七日　依輕服(本年正月五日祖父土岐滿貞沒)暇過歸本屋事、　大原野祭間事、
　今夕別殿行幸可早參由、被催事、〇一巻百四十六頁參照、
　大原野祭相觸御教書案事、〇一巻百四十七頁參照、
　大紫尼公(源春子)敍從三位宣下事、口宣、　〇一巻百四十八頁參照、　除服御教書到來事、〇一巻百四十八頁參照、
　別殿行幸事、職事御書不同者、予示可候御劒之由、有院仰事、

八日　園韓神祭事、

　　大原野祭幣料事、

　　徳大寺大納言(實盛)除服間不審事、

十日　大原野祭事、

足利義持石清水八幡宮ニ詣ヅ

十一日　室町殿(足利義持)八幡御詣事、無儀、

十二日　新大納言資家(土御門、應永二十七年十二月五日任權大納言)奏慶事、

十五日　春日祭事、

十七日　今日院有御遙拜事、

　　公卿分配事、

十八日　室町殿爲參宮御下向事、

義持大神宮ニ詣ヅ

廿一日　同御參宮事、

廿五日　御灯早參事有催事、〇一巻百四十九頁參照、

(14ウ)

廿七日　院月次御樂事、奉行季保(四辻)朝臣依所勞不參、

三月

三月

一日　院(後小松上皇)御燈御禊事、　參室町殿(足利義持)事、

二日　內(稱光天皇)幷院鬪鷄被催事、

三日　明日院猿樂可參候之由、有廻文事、

五日　來廿一日除目始可早參由事、

明後日仙洞猿樂早參幷祿物廻文加奉事、○一卷百四十九頁參照、

六日　自外記持來公卿分配、予分書取之返遣了、

七日　於院猿樂事、

十一日　賀茂〔祭〕玄女使可被沙汰置之由、有仰事、

定親煩フ

十四日　所勞事、增氣也、

十五日　絕入事、

廿一日　北野一切經會事、

縣召除目

廿二日　除目始事、

四月

四月

一日

父中山満親煩フ　三日　大納言(中山満親、定親父)御發病事、

五日　祈年穀奉幣事、無儀、

定親本復ス　八日　所労本復之後、今日始沐浴、

満親出家ス　(15オ)十五日　大納言殿御悩依危急有御出家事、(法名祐満)

十七日　賀茂祭典侍(中山儀子、定親妹)自柳原殿(長快女、中山満親母、定親祖母、足利義満妾)出立事、大納言殿・予依所労、有親(中山、定親弟)一向沙汰了、

満親薨ズ　廿五日　入道大納言殿薨給事、御年五十一、

廿八日　御葬礼事、

卅日　收御骨事、

五月

五月

六月

六月

七月

七月

五日　任大臣(一條兼良任内大臣)節會事、小折紙進執柄(九條満教)哉否事自宣光(廣橋)許尋問事、

○一巻百五十頁参照、

高野山參詣ニ發ス

六日　告使談來事、(本年四月二十五日父滿親薨)依還補不及祿、副使同之、

十九日　參詣高野事、

天王寺巡礼事、

廿三日　詣奥院事、

廿六日　還着京事、

八月

復任竝ニ禁色宣下ヲ賜ハル

三日　復任幷禁色宣下事、(本年四月二十五日父滿親薨)〇一卷百五十二頁參照、

以消息付女房、申入院(後小松上皇)事、〇一卷百五十二頁參照、

禁色宣下還補後又可申欤由、問師勝(中原)朝臣、答可然之由事、〇一卷百五十二頁參照、

(15ウ)

四日　來七日可從事由、相觸事、消息、〇一卷百五十二頁參照、

行幸院(稱光天皇)間事、〇一卷百五十三頁參照、

六日　來十三日行幸早參被催事、〇一卷百五十三頁參照、

七日　拜賀下行物沙汰事、

重喪後始出仕事、

後小松院ニ行幸アリ

弟中山有親母ノ百日佛事アリ

九日　藏人頭還補拜賀事、〇一巻百五十四頁參照、
經興(勧修寺)卿中納言、經良(田向)卿參議宣下事、口宣、兼任口宣書様事、〇一巻百五十五頁參照、

十三日　行幸院事、
右大將(近衛房嗣、應永二十七年三月二十六日兼右近衛大將)拜賀事幷着陣事、

十四日　參東洞院殿(後小松上皇御所)事、

十五日　放生會事、

十七日　於東洞院殿舞御覽御習礼事、

十九日　於東洞院殿舞御覽事、遂万秋樂所作事、

廿一日　還御土御門殿事、〇一巻百五十六頁參照、

廿九日　侍從有親(中山、定親弟)母儀百日佛事〻、

卅日　新大納言有光(日野、本年七月五日任權大納言)、拜賀事、
相觸御燈事〻、

九月

一日　參室町殿(足利義持)事、

(16オ)

三日　御燈雖爲分配、依重服(本年四月二十五日父滿親薨)不參內(稱光天皇)事、

九日　八幡時節被申除服宣下、不可然事、然而內々仰下事、〇一卷百五十六頁參照、

駒牽事、去月(十三日)依行幸延引、

平座事、

十一日　例幣事、奉行宣光(廣橋)依父卿(廣橋兼宣)恐怖、當日儀俊國(坊城)奉行之事、

別殿行幸

十八日　別殿行幸事相觸事、〇一卷百五十七頁參照、

廿日　同事、〇一卷百五十八頁參照、

廿二日　同事、〇一卷百五十九頁參照、

行幸別殿事、泉殿、

廿六日　月次御樂被催事、教豐(山科)朝臣奉行、依宗〔季〕(四辻)保朝臣御勘發、

廿九日　院(後小松上皇)月次御樂事、

十月

十月

一日　參室町殿(足利義持)事、

平座事、

八日　宗久房逝去之由、告來事、
十日　釆女養料遣御教書事、〇一巻百六十頁參照、
十三日　月次御樂被催事、
十五日　(後小松上皇)院月次御樂事、
十九日　除服出仕御教書到來事、
十一月　除服宣旨到來ス
(16ウ)
廿一日　參室町殿事、亥子也、
廿三日　室町殿御院參事、

十一月

一日　春日祭事、　平野祭事、幷同臨時祭、
二日　鎮魂祭相觸事、消息、
三日　同事、〇一巻百六十一頁參照、
廿一日　(九條滿教)橘氏是定宣下事、口宣、無礼紙事、　〇一巻百六十二頁參照、

十二月

十二月

五日　仙洞（後小松上皇）月次御樂事、

十三日　於禁裏（稱光天皇）妙法院宮（堯仁法親王）御修法始事、

十九日　僧正政智宣下事、口宣、〇一巻百六十四頁參照、

廿日　明日小除目可申沙汰之由、有憚〔仰ヒ〕事、相催了、

關白（九條滿教、姉九條經教女服）除服宣下事、口宣書樣事、〇一巻百六十五頁參照、

左大弁宰相行光（柳原）從三位宣下事、口宣、〇一巻百六十五頁參照、

廿一日　小除目事相觸事、消息、〇一巻百六十六頁參照、

小除目事、〇一巻百六十七頁參照、

任參議事、春秋廿一歲、

參議ニ任ゼラル

廿二日　昨日小折紙進關白事、

（17オ）

廿三日　參內幷院、畏申參議事〻、〇一巻百六十八頁參照、

廿四日　參室町殿（足利義持）賀申八幡御參籠事、

大外記師世（中原）四品宣下事、口宣、紋留也、〇一巻百六十九頁參照、

廿六日　勸修寺中納言（經興）送賀札事、〇一巻百七十頁參照、

戒光寺可爲泉涌寺末寺之由、院宣事、有院宣幷武家御下知、

參議（中山定親）正四位下行左近衛權中將〔上〕二十二歳、

同（應永）廿九年

應永二十九年
正月
日蝕

正月

一日　日蝕事、○一卷百七十二頁參照、
節會停止事、可爲明日事、○一卷百七十二頁參照、
四方拜停止事、先例猶有出御歟事、○一卷百七十二頁參照、
院（後小松上皇）四方拜停止事、　院拜礼可爲明日事、
室町殿（足利義持）御參內（稱光天皇）・院事、
日蝕御祈無沙汰、不可然事、
院御藥事、
供御藥事、日食覆末以後、

二日　院拜礼事、見物、○一卷百七十二頁參照、
同御藥事、同、
權大納言着陣事、○正親町實秀應永二十八年六月十二日任權大納言、

（17ウ）

小朝拜事、

節會事、見物、

五日　敍位事、○一巻百七十三頁參照、

七日　節會事、見物、

八日　十六日節會可參陣之由、被催事、○一巻百七十三頁參照、

參議ノ拜賀ヲ遂グ

十二日　參議（應永二十八年十二月二十一日定親任參議）拜賀事、○一巻百七十四頁參照、

十六日　節會事、參陣事、　○一巻百七十四頁參照、

十九日　室町殿御院參事、

廿六日　雪埋地事、

廿九日　室町殿御院參事、

卅日　院御樂事、

二月

二月

一日　參室町殿（足利義持）事、

細川義之卒ス

細川讃岐入道（義之、法名常長）今日逝去事、

三日　大原野祭延引事、

四日　祈年祭事、

甘露寺兼長薨ズ

八日　按察使兼長（甘露寺）卿薨事、昨日叙一品事、

十五日　大原野祭事、

廿日　春日祭事、

廿四日　月次御楽被觸事、

（18オ）

廿八日　祈年穀奉幣事、

依参議ホ故障、納言内〔爲う〕賀茂・春日ホ使事、

廿九日　室町殿御院（後小松上皇）参事、

三月

三月

一日　参室町殿（足利義持）事、

三日　参室町殿事、

縣召除目

廿四日　除目始事、〇一巻百八十一頁参照、

廿五日　同中夜事、

四月

四月

十五日　來月朩持寺御八講被催事、廣橋大納言(兼宣)奉行、　〇一巻百八十一頁參照、

廿九日　花山院宰相中將(持忠、本年三月二十七日任參議)拜賀事、

五月

五月

等持寺御八講

一日　參室町殿(足利義持)事、

二日　等持寺御八講初日事、參入、　〇一巻百八十二頁參照、

三日　同第二日事、

四日　同第三日事、

五日　同第四日事、

六日　同結願事、〇一巻百八十三頁參照、

(18ウ)

六月

六月

一日　參室町殿(足利義持)事、〇一巻百九十一頁參照、

六日　神今食卜合之由、有催事、〇一巻百九十二頁參照、

九日　始神事〻、〇一巻百九十三頁參照、

十一日　神今食事、參向事、〇一巻百九十三頁參照、

七月

七月

五日　七夕御樂被觸事、〇一巻二百十三頁參照、

小倉宮薨ズ

十五日　小倉殿(小倉宮)御入滅事、

十七日　同御葬礼事、

東坊城長遠薨ズ

十九日　菅宰相長遠卿(東坊城)薨事、

八月

八月

七日　臨時御神樂惣用事自藏人權弁經直(勸修寺)許相尋事、〇一巻二百十三頁參照、

十五日　放生會、弁俊國(坊城)經舞臺事、

十六日　駒牽事、參陣事、〇一巻二百十四頁參照、

十九日　禁中(稱光天皇)七佛藥師法日中結願可參仕由、被催事、〇一巻二百十五頁參照、

廿四日　禁裏七仏藥師法結願事、參仕事、〇一巻二百十五頁參照、
公卿着座取布施事非先例事、〇一巻二百十五頁參照、近衛司俄撤劔・笏不可然事、〇一巻二百十六頁參照、

(19オ)

廿五日　八幡御幸請文、自花山（花山院持忠）被乞請事、〇一巻二百十六頁參照、

九月

一日　院（後小松上皇）御灯御禊事、

三日　依御（稱光天皇）不豫無御燈御拜事、

五日　自花山（花山院持忠）八幡御幸日可令持劔哉否、被示合事、〇一巻二百十七頁參照、
八幡御幸奉行宣光（廣橋）遣主典代資行（安倍）之奉書〻様事、〇一巻二百十九頁參照、

六日　依時正院中御持齋事、

九日　平座事、

十五日　爲明日八幡御幸有祈晴奉幣事、

後小松上皇石清水八幡宮御幸アリ

十六日　御幸石清水事、

十七日　參院幷室町殿（足利義持）賀申昨日儀事、

廿三日　向北野勸修寺中納言（經興）參籠所事、

十月

十月

一日　參室町殿（足利義持）事、
平座事、參陣事、○一卷二百二十頁參照、
三日　參室町殿事、依亥子也、

大炊御門河原ニ於テ勸進猿樂アリ

廿一日　於大炊御門河原有勸進猿樂事、
廿三日　臨時朔旦冬至沙汰事、○一卷二百二十頁參照、
（19ウ）
廿七日　參室町殿事、亥子也、
廿八日　參小川宮事、
廿九日　於大炊御門河原有勸進猿樂事、
卅日　去廿八日宗豊（葉室）朝臣任參議、秀光（日野）朝臣補藏人頭事、

閏十月

閏十月

足利義持參院ス

一日　參室町殿（足利義持）事、　晩頭參院（後小松上皇）事、
二日　參院事、

五日　向花山院（持忠）、有宣命使習礼事、

七日　參院事、

九日　室町殿御院參事、

十二日　前關白（近衛忠嗣）依室家喪俄出家事、　近衛忠嗣出家ス

十三日　室町殿御院參事、

十六日　同事、

十九日　同事、

廿日　同事、

廿二日　同事、

廿六日　來月四日可授衣之由、自室町殿仰事、夢惣〔想〕事、

十一月　　十一月

（20オ）一日　臨時朔旦冬至事、有賀表事、被行平座事、〇一巻二百二十一頁參照、

參室町殿（足利義持）事、

三日　右大弁（葉室宗豊）來臨、談合明日受衣間事、

足利義持受衣ス

四日　向相國寺受衣事、

八日　ホ持寺御八講被催事、

十日　室町殿御院(後小松上皇)參事、道号(顯山)可遊給之由、被仰事、

十二日　同御院參事、

十四日　同事、

十六日　同事、

十八日　豐明節會被催事、消息、

廿日　仙洞泉殿御移徙事、室町殿御參事、

足利義量初メテ石清水八幡宮ニ詣ヅ

室町殿御息五位中將殿(足利義量)依〔始ヵ〕八幡御參詣事、

廿一日　豐明平座事、參陣事、　○一巻二百二十三頁參照、

十二月

十二月

一日

等持寺御八講

二日　等持寺御八講初日事、參入、

三日　同第二日事、參入、

四日　同第三日事、參入、

五日　同第四日事、參入、

（20ウ）

六日　同結願事、參入、

十一日　室町殿（足利義持）御院（後小松上皇）參事、

十五日　朔旦冬至敍位可爲十八日可參陣由、被催事、消息、　〇一巻二百二十四頁參照、

朔旦冬至敍位

十八日　朔旦冬至敍位儀事、參陣、右筆事、　〇一巻二百二十五頁參照、

從三位ニ敍サル

廿日　加級事（十八日定親敍從三位）有賀札ホ事、

廿一日　室町殿御院參事、

廿五日　同事、

應永三十年

（應永）同三十年　（中山定親）參議從三位行左近衛權中將兼出雲權守廿三歲、

正月

正月

一日　室町殿（足利義持）御參內（稱光天皇）・院（後小松上皇）事、

院拜礼事、

小朝拜停止事、無殊故、〇一巻二百三十四頁參照、

節會事、

二日　院御藥事、

三日　今日可參院御藥、劔・帶ホ事自花山（花山院持忠）被示合事、〇一巻二百三十四頁參照、

敍位

五日　敍位議事、敍人、〇一巻二百三十四頁參照、

六日　（鷹司）兼頼朝臣同（問）敍列作法事、委細也、〇一巻二百三十五頁參照、

七日　節會事、

後小松上皇煩フニ依リ泰山府君祭ヲ行フ

（21オ）

十一日　依院御風氣御祈、被行泰山府君御祭、（安倍）有富朝臣奉仕也、

十二日　依院御不豫御祈、被行如法尊勝法事、

十三日　內・院近所火事ゝ、

十六日　花山院宰相中將（持忠、應永二十九年三月二十七日任參議）着陣事、〇一巻二百三十六頁參照、

二月

二月

三日　大原野祭事、

四日　祈年祭事、

五日　尺奠事、
十三日　園韓神祭事、
廿日　春日祭事、
廿四日　祈年穀奉幣事、

三月

三月

縣召除目

廿日　除目任人事、執筆(洞院)滿季卿、

四月

四月

父中山滿親千日佛事

廿五日　故殿(中山滿親、定親父、應永二十八年四月二十五日薨)千日御法事、第三回也、

等持寺御八講

等持寺御八講初事、奉仕、

足利義持出家ス

廿六日　室町殿(足利義持、法名道詮)御出家事、
御八講第二日事、

(21ウ)

五月

五月

一日　參將軍（足利義量）事、

廿八日　仙洞（後小松上皇）番被改十番可參仕之由、被觸事、吉田前中納言（清閑寺家俊）奉行、　〇一巻二百三十八頁參照、

六月

六月
足利義持出家ノ後初メテ後小松上皇ニ參ル

十一日　月次・神今食事、
室町殿（足利義持）御出家後、御院（後小松上皇）參事、

十五日　同御院參事、

十七日　同事、

十八日　同事、

七月

七月
改元ノ沙汰ヲ行フ

一日　參室町殿（足利義持）事、
改元沙汰事、

三日　七夕御樂被觸事、

四日　改元沙汰事、

七日　參室町殿事、

院（後小松上皇）乞巧奠事、〇一巻二百三十九頁參照、

同御樂事、

（22オ）

直衣始

十九日　直衣始事、消息、〇一巻二百三十九頁參照、

院舞御覽事、

廿八日　放生會可參向之由、被仰事、

八月

八月

二日　雖犬死穢、依仰參入院（後小松上皇）事、

三日　室町殿（足利義持）御院參事、

四日　同事、　北野祭延引事、

九日　釋奠事、

十日　止雨奉幣事、

十四日　下向八幡事、

初メテ放生會ニ參向ス

十五日　放生會事、初度參向也、〇一巻二百四十頁參照、

十六日　駒牽事、

小除目
右筆ヲ勤ム

廿七日　小除目事、参陣、右筆、〇一巻二百四十一頁参照、

卅日　室町殿御院参事、

九月

九月

〔三ヒウ〕
二日　内(稱光天皇)幷院(後小松上皇)御灯御拝停止事、〇一巻二百四十九頁参照、

院月次御楽事、〇一巻二百四十九頁参照、

(22ウ)

十月

十月

十五日　参室町殿(足利義持)事、亥子也、〇一巻二百五十二頁参照、

十七日　室町殿御院(後小松上皇)参事、〇一巻二百五十二頁参照、

十九日　於院密〻御鞠事、〇一巻二百五十二頁参照、

足利義持ヨリ
名號和歌詠進
ヲ命ゼラル

廿一日　自室町殿名号哥可詠進之由、有仰事、〇一巻二百五十二頁参照、

廿二日　同事、〇一巻二百五十三頁参照、

廿七日　室町殿御院参事、〇一巻二百五十三頁参照、

廿八日　院参事、無儀、　〇一巻二百五十三頁参照、

十一月

一日　参室町殿(足利義持)事、〇一巻二百五十四頁参照、

七日　春日祭延引事、〇一巻二百五十四頁参照、

八日　梅宮祭事、〇一巻二百五十四頁参照、

十一日　室町殿御院(後小松上皇)参事、〇一巻二百五十五頁参照、

十三日　鎮魂祭事、〇一巻二百五十五頁参照、

十四日　祈年〔新嘗カ〕祭事、〇一巻二百五十五頁参照、

十七日　室町殿御院参事、〇一巻二百五十五頁参照、

十九日　春日祭事、〇一巻二百五十五頁参照、

吉田祭事、〇一巻二百五十五頁参照、

(23オ)

廿一日　院月次御参事〔樂㋪㋒〕、不参、　〇一巻二百五十五頁参照、

廿七日　室町殿御院参事、〇一巻二百五十六頁参照、

」

十二月

十二月

等持寺御八講

二日　ホ持寺御八講初日事、參入、五个日參入了、〇一巻二百五十七頁參照、

十日　室町殿（足利義持）御院（後小松上皇）參事、〇一巻二百五十七頁參照、

十一日　月次祭・神今食事、〇一巻二百五十七頁參照、

十二日　柳營（足利義量）院參・〻内（稱光天皇）事、〇一巻二百五十七頁參照、

十三日　參室町殿、賀中昨日儀事、〇一巻二百五十八頁參照、

十四日　室町殿御參內・院事、〇一巻二百五十八頁參照、

十五日　同事、〇一巻二百五十八頁參照、

足利義持清和院ニ參籠ス

廿七日〔十ヒう〕　室町殿御參籠清和院事、〇一巻二百五十八頁參照、

廿四日　室町殿幷柳營御參內・院事、〇一巻二百五十八頁參照、

廿五日　室町殿御院參事、〇一巻二百五十八頁參照、

廿九日　元日節會被催之事、請文、〇一巻二百五十九頁參照、

應永三十一年

同（應永）卅一年　參議（中山定親）從三位行左近衞權中將兼出雲權守廿四歲、

正月

(23ウ)

一日　室町殿(足利義持)幷柳營(足利義量)御參內(稱光天皇)幷院(後小松上皇)事、

院御藥事、

小朝拜事、

節會事、○二卷二頁參照、

四日　參室町殿事、

五日　敍位儀事、○二卷三頁參照、

七日　節會事、○二卷四頁參照、

十一日　室町殿御院參事、

十二日　柳營四品宣下事、

十四日　室町殿御院參事、

十六日　內府(一條兼良)着陣事、

節會事、無出御事、依御不豫也、○二卷五頁參照、

異位重行事、

敍位

足利義量從四位下ニ敍サル

二月

二月

十一日　釋奠事、參仕、　〇二卷六頁參照、

釋奠參仕ス

三月

三月

十五日　除目始事、申文事、

十七日　同入眼事、勤淸書事、

廿一日　北野一切經會依雨延引事、

縣召除目淸書ヲ勤ム

四月

四月

一日　賀茂祭典侍神事〻、(中山僚子、定親妹)

　平座事、

(24オ)

十四日　警固召仰事、

十五日　自臺所持來明日御座事、

十六日　賀茂祭事、典侍出立事、

賀茂祭

廿日　(二條持基)關白詔宣下事、

任大臣節會事、〇持基轉左大臣、一條兼良轉右大臣、洞院滿季任內大臣、

廿一日　自關白爲本樣被借渡花山院(持忠)臺盤三脚事、

等持寺御八講

廿五日　ホ持寺御八講始事、參仕、

廿六日　同第二日事、參入、

廿七日　同第三日事、參、

日野新中納言拜賀事、盛光、(日野西、應永三十年八月二十七日任權中納言)

廿八日　同第四日事、參入、

廿九日　同結願事、參入、

五月

五月

一日　參室町殿(足利義持)事、

等持寺御八講

二日　ホ持寺御八講初事、

三日　同第二日也、

足利義持ヨリ後小松上皇院中ノ强奸ニ就キ仰セアリ

依召參ホ持寺、有被仰事、院(後小松上皇)中强奸〔間事カ〕百年也、

四日　依院女房右衛門佐、逐電事人〻有告文事、

院殿上ニ祗候シ告文ノ失ヲ守ル

（24ウ）
六日　ホ持寺御八講結願、如去月事、
七日　自今日人ゝ結番、參御〔候カ〕院殿上、被守告文失事、
十五日　自今日予參御〔候カ〕院殿上之人數也、
十八日　今朝自院殿上退出事、無失、
十九日　近日人ゝ隔日可參院事、
廿一日　參院事、
廿三日　參院事、
廿五日　參院事、
廿七日　參院事、
卅日　依蟲腹所勞不參院事、　室町殿御院參事、

六月

六月

足利義持參院ス

一日　室町殿（足利義持）御院（後小松上皇）參事、
三日　同事、
七日　祇園御輿迎風流物參內裏（稱光天皇）・仙洞事、

九日　於院有観音懺法事、室町殿御參事、

十日　室町殿御院參事、

十一日　同事、

十四日　祇園御靈會風流物參禁裏・仙洞事、

十五日　同臨時祭御禊事、

十六日　入道少將有親朝臣（中山、定親弟）一昨日逝去由告來事、

（25オ）

弟中山有親卒ス

七月

七月

六日　除服御教書到來事、（弟中山有親本年六月十四日卒）〇二巻九頁參照、

十八日　室町殿（足利義持）御院（後小松上皇）參事、〇二巻十一頁參照、

八月

八月

一日　室町殿（足利義持）御參內（稱光天皇）・院（後小松上皇）事、〇二巻十三頁參照、

三日　同御院參事、〇二巻十三頁參照、

四日　故少將（中山有親、定親弟、本年六月十四日卒）四十九日法事〻、〇二巻十三頁參照、

五日　尺奠事、○二巻十三頁參照、

七日

足利義持清和院ニ參籠ス

十日　室町殿御參籠清和院事、○二巻十四頁參照、

十一日　向花山院(持忠)事、○二巻十五頁參照、

十二日　僧官事伺申事、○二巻十五頁參照、

十四日　向勸修寺中納言(經興)許訪所勞事、○二巻十五頁參照、

十五日　放生會事、○二巻十六頁參照、

十六日　駒引事、○二巻十六頁參照、

十七日　自院被下僧官口宣案ホ事、○二巻十六頁參照、

十八日　室町殿御院參事、○二巻十七頁參照、　關白(二條持基)被參會事、○二巻十七頁參照、

(25ウ)

廿日　同事、○二巻十七頁參照、

義持北野社ニ參籠ス

廿二日　室町殿御參籠北野事、○二巻十七頁參照、

足利義量祖母裏松資康室沒ス

廿四日　將軍(足利義量)御外祖母(裏松資康室)逝去事、○二巻十八頁參照、

廿六日　仙洞御持齋事、○二巻十八頁參照、

後小松上皇受戒ス

(泰嵒全安)泉涌寺長老參入、御受戒事、○二巻十八頁參照、

卅日　室町殿御院參事、〇二卷十九頁參照、

九月

一日　室町殿(足利義持)御院(後小松上皇)參事、〇二卷二十頁參照、

二日　昨日院御燈御禊停止事、〇二卷二十頁參照、

三日　院番被觸事、消息、〇二卷二十頁參照、

九日〔五ヒう〕　於仙洞被行不動法事、〇二卷二十一頁參照、

七日　重陽平座被催事、〇二卷二十一頁參照、

八日　依院宣人〻參泉涌寺舍利講事、〇二卷二十二頁參照、

九日　平座事、參仕、〇二卷二十二頁參照、

十日　室町殿御院參事、〇二卷二十四頁參照、　觀音懺法事、〇二卷二十四頁參照、

十一日　同事、〇二卷二十五頁參照、
例幣御拜事、〇二卷二十五頁參照、

十三日　仙洞內〻御會事、〇二卷二十六頁參照、

十四日　室町殿御院參事、〇二卷二十六頁參照、

（26オ）十八日　院月次御樂事、○二卷二十七頁參照、
廿一日　仙洞內〻蹴鞠事、
廿四日　室町殿御院參事、
廿五日　同事、
廿六日　同事、

十月

一日　同事、相國寺御幸沙汰事、（後小松上皇）
平座事、房長向重下着紅單事、（甘露寺）〔白〕○二卷三十三頁參照、
二日　御院參事、有猿樂事、　喝食七人參入見物事、
三日　將軍御昇進間事、（足利義量）
五日　相國寺御幸供奉人御點事、
九日　花山相公被催相國寺御幸事、（花山院持忠）○二卷三十六頁參照、
遣一位大納言書札沙汰事、○二卷三十三頁參照、
室町殿自今日御參籠因幡堂事、（足利義持）

十月

足利義持因幡堂ニ參籠ス

十一日　安樂光院舍利講事、

足利義量參議ニ任ゼラル
十三日　小除目事、　將軍令任參議給事、
將軍家雲客時御出仕無其例事、

石清水八幡宮神人嗷訴ニ依リ殺害セラル
十四日　八幡神人依嗷訴被殺害事、

十七日　御院參事、

(26ウ)
十八日　同事、

廿一日　同事、巡御粥始也、有猿樂、

廿五日　同事、

廿六日　同事、

文選ヲ讀ミ始ム
廿七日　讀始文選事、

後小松上皇相國寺ニ御幸ス
廿九日　御幸相國寺事、

十一月

十一月
一日　參室町殿事、(足利義持)
室町殿御院參事、(後小松上皇)(足利義量)宰相中將殿同御參、

春日祭延引事、
二日　梅宮祭事、
三日　室町殿御院参事、御粥、
十日　同事、
十三日　吉田祭事、
十四日　室町殿御院参事「了（衍カ）」、
十五日　新嘗祭被催事、消息、　○二巻三十七頁参照、
十六日　室町殿御院参事、御粥、
十七日　同事、同、
十八日　新嘗祭神事〻、
（27オ）園韓神祭依社顚倒停止事、
十九日　鎮魂祭事、
廿日　新嘗祭事、参向、　○二巻三十七頁参照、
廿一日　豊明平座事、
室町殿御院参事、

廿五日　春日祭事、

十二月

十二月

等持寺御八講

二日　等持寺御八講始事、參入、
三日　同第二日事、參入、
四日　同第三日事、參入、
五日　同第四日事、參入、
六日　同結願事、參、
九日　室町殿（足利義持）御院（後小松上皇）參事、
十日　同事、
十一日　月次・神今食事、
　室町殿御院參事、
十九日　參院事、
廿一日　室町殿御參內（稱光天皇）事、
廿三日　同事、

（27ウ）
廿四日　同事幷御院參、
廿五日　同事、有十度十人御酒事、
　權大納言良秀〔實〕（正親町）、息元服事、（正親町持季）〇二巻三十八頁參照、

應永三十二年

正月
足利義持竝ニ足利義量內裏竝ニ院ニ參ル

（應永）同卅二年
參議從三位行左近衞權中將兼出雲權守（中山定親）廿五歲、

正月
一日　室町殿（足利義持）幷柳營（足利義量）御參內（稱光天皇）・院（後小松上皇）事、
　關白（二條持基）拜賀事、
　院拜礼事、參仕、〇二巻四十頁參照、
　同御藥事、參仕、〇二巻四十一頁參照、
　依甚雨四方拜停止事、　院四方拜同停止事、
　節會事、〇二巻四十一頁參照、
二日　院御藥事、內官〔同ヒう〕人可受讓盃事、〇二巻四十一頁參照、
　殿上淵醉事、

四日　參室町殿事、　參內・院事、○二卷四十二頁參照、

五日　敍位儀事、中務輔不參、用代事、

內府（洞院）滿季公、拜賀事、○應永三十一年四月二十日任內大臣、二卷四十二頁參照、

同着陣事、○二卷四十二頁參照、

中文內覽奏聞事、○二卷四十三頁參照、　敍人事、○二卷四十四頁參照、

參院事、雅永朝臣（飛鳥井）敍列裝束事、○二卷四十七頁參照、

（28オ）

七日　右府（一條兼良、應永三十一年四月二十日轉右大臣）拜賀事、

關白直被仰內弁（白馬節會）事於右府事、○二卷四十七頁參照、

日野大納言（有光、應永三十年十二月二十日敍正二位）着陣事無申文幷吉書事、○二卷四十七頁參照、

雨儀節會裝束沙汰事、○二卷四十七頁參照、

右府着陣事、

節會事、參陣、○二卷四十七頁參照、

加敍事、右筆事、○二卷四十八頁參照、

敍人裝束事幷加敍・加階人裝束事、○二卷五十二頁參照、

八日　參院、依御方違渡御二位殿（日野西資子）御方事、

義量正四位下ニ敍サル

十一日　柳營(義量)正四位下宣下事、

　室町殿御院參事、

十二日　同御院參事、

十四日　同事、

十六日　一位大納言兼(廣橋兼宣、應永三十年正月五日敍從一位、同年三月二十日轉大納言)着陣事、見物、○二卷五十六頁參照、　於床子座父子(廣橋兼宣・宣光)相揖事、○二卷五十六頁參照、

　節會事、見物、○二卷五十七頁參照、　異位重行事、○二卷五十七頁參照、

十九日　室町殿御院參事、

(28ウ)

二月

二月

三日　室町殿(足利義持)御院(後小松上皇)參事、三位中將實煕(洞院)參入事、○二卷九十三頁參照、

四日　祈年祭事、○二卷九十三頁參照、

足利義量煩フ

七日　柳營(足利義量)御病惱事、○二卷九十四頁參照、

八日　院御遊御習礼事、○二卷九十四頁參照、

十日　室町殿御院參事、○二卷九十四頁參照、

十一日　仙洞御遊事、見物、○二卷九十五頁參照、

十三日　右衛門督教豊(山科)、問祈年穀奉幣使出立様事、○二巻九十七頁參照、

十四日　來十八日院可有御出家可候其座之由、被仰下事、○二巻九十七頁參照、

十五日　右衛門督問隨身白襖袴張様事、○二巻九十八頁參照、

小川宮薨ズ

十六日　小川宮院第二皇子、薨給事、○二巻九十八頁參照、

釋奠延引事、○二巻九十九頁參照、

十八日　依小川宮御事院御出家延引事、○二巻百一頁參照、　室町殿御院參事、○二巻百一頁參照、

十九日　小川宮御薨[葬カ]事、○二巻百一頁參照、

廿一日　同御中院[陰]始事、○二巻百一頁參照、

廿三日　室町殿御院參事、大飲如例、　○二巻百一頁參照、

廿四日　花山中納言(花山院持忠)逐電事、○二巻百一頁參照、

義量薨ズ

廿七日　柳營薨去事、○二巻百二頁參照、

(29オ)
廿九日　同葬送事、○二巻百二頁參照、

三月

三月

二日　參室町殿(足利義持)、弔申柳營(足利義量、本年二月二十七日薨)御事、○二巻百三頁參照、

三日　禁裏（稱光天皇）・仙洞（後小松上皇）鬪鶏如先〻事、〇二卷百三頁參照、
六日　向花山院（持忠）、撰宸筆御講記事、〇二卷百三頁參照、
十日　俊國（坊城）來問院御懺法間事〻、後円融院卅三回也、（明德四年四月二十六日崩）〇二卷百三頁參照、
十二日　室町殿御院參事、柳營御事已後初度也、〇二卷百四頁參照、
宸筆御八講沙汰事、後円融〔院脱〕卅三回也、〇二卷百四頁參照、
依納言下知藏人頭（廣橋宣光）奉行、如何事、〇二卷百四頁參照、
御懺法沙汰事、〇二卷百四頁參照、
十三日　御八講間事、〇二卷百五頁參照、
十四日　室町殿御院參事、〇二卷百五頁參照、
十五日　宸筆御八講可參仕之由、被催事、〇二卷百五頁參照、
賀茂祭女使可沙汰之由、內〻以女房奉書被仰下事、〇二卷百六頁參照、
十六日　同事申領狀事、〇二卷百六頁參照、
十七日　室町殿御院參事、不參候、〇二卷百六頁參照、
十九［日］（ヒう）參ホ持寺〔院〕、故將軍（義量）御中陰所、燒香事、〇二卷百七頁參照、
御八講御教書ホ書樣事、〇二卷百七頁參照、

廿日　院御懺法講可參仕由、被催事、○二巻百八頁參照、
織物指貫間事幷綾指貫事、○二巻百九頁參照、

(29ウ)

廿一日　祭要脚事示傳奏(土御門資家)事、○二巻百十頁參照、

廿三日　室町殿大法日中結願可參之由、被催事、來廿九日、○二巻百十頁參照、

廿七日　室町殿御院參事、○二巻百十頁參照、

廿八日　持康(北畠)朝臣問室町殿日中結願可帶劔哉否事、○二巻百十一頁參照、

室町殿仁王經法結願

廿九日　室町殿大法日中結願事、參仕、○二巻百十一頁參照、

四月

四月

一日　賀茂祭典侍(中山僚子、定親妹)神事ゝ、○二巻百十四頁參照、
室町殿(足利義持)御院(後小松上皇)參事、○二巻百十四頁參照、

正親町三條實雅解官サル

右中將實雅(正親町三條)朝臣解官事、口宣ゝ下、○二巻百十四頁參照、

二日　室町殿御院參事、○二巻百十五頁參照、

後小松上皇後圓融天皇追善ノ御懺法行ハル

四日　仙洞御懺法始事、後円融院(明德四年四月二十六日崩)卅三廻御追善也、○二巻百十五頁參照、

五日　飛鳥井宰相(雅世)來間(問う)拜賀間事、○本年正月三十日任參議、二巻百二十一頁參照、

七日　御懺法第二日事、○二卷百二十一頁參照、
同中日事、參入、○二卷百二十一頁參照、
八日　同第五日事、見物、○二卷百二十四頁參照、
九日　同第六日事、同、○二卷百二十五頁參照、
飛鳥井宰相拜賀間不參事、○二卷百二十五頁參照、但シ不參ノ事見エズ、
十日　御懺法結願事、參入、○二卷百二十五頁參照、

後圓融天皇追善ノ院觀音懺法行ハル

(30オ)

十一日　仙洞觀音懺法事、卅三回御追善之由也、○二卷百二十六頁參照、
室町殿御院參事、
西園寺(公名)幷花山院(持忠)中納言ホ拜賀事、○兩人本年正月三十日任權中納言、二卷百二十八頁參照、

等持寺御八講

十三日　ホ持寺御八講事、初日參入、○二卷百二十八頁參照、
十四日　三寶院(滿濟)弟子(義賢)灌頂事、○二卷百三十頁參照、
十五日　宸筆御八講公家(稱光天皇)御誦經物間事、○二卷百三十頁參照、
同御誦經文事、○二卷百三十頁參照、
十六日　北野一切經會事、去月(二十一日)依穢延引、○二卷百三十一頁參照、
於院被定宸筆御八講日時幷雜事事、○二卷百三十一頁參照、

後圓融天皇追善ノ院宸筆御八講行ハル

十七日　ホ持寺御八講結願事、參入、〇二卷百三十二頁參照、

廿日　仙洞御八講御裝束始事、〇二卷百三十三頁參照、

廿一日　賀茂祭典侍出立事、有儀、〇二卷百三十三頁參照、

廿二日　院宸筆御八講始事、參入、人々裝束事、
解陣以前公卿不帶已〔弓箭カ〕前事、依院中也、

廿三日　同第二日事、

廿四日　同第三日、依雨延引事、中間延引例事、

廿五日　同第五春〔卷〕日事、捧物幷染裝束事、

廿六日　同第四日事、〇二卷百三十六頁參照、
奉爲祖皇（後圓融天皇）公家御經供養事被停止事、〇二卷百三十八頁參照、

（30ウ）

廿七日　同結願事、參入、〇二卷百三十八頁參照、
一位兼定〔宣〕（廣橋）准大臣事、〇二卷百四十七頁參照、　同人出家事（法名常寂）、〇二卷百四十七頁參照、
入道一位資敎（日野、法名性光）准大臣宣下事、〇二卷百四十七頁參照、

廿八日　室町殿御院參事、〇二卷百四十八頁參照、

廿九日　典侍參內事、〇二卷百四十八頁參照、

五月

一日　祈年穀奉幣事、○二卷百四十九頁參照、
二日　等持寺御八講事、參入、○二卷百四十九頁參照、
三日　同第二日事、○二卷百五十一頁參照、
四日　同第三日事、○二卷百五十二頁參照、
五日　同第四日事、○二卷百五十三頁參照、
六日　同結願事、○二卷百五十三頁參照、
九日　室町殿(足利義持)御院(後小松上皇)參事、○二卷百五十六頁參照、
　　　左少弁資親(日野)被聽禁色事、○二卷百五十六頁參照、
十七日　參詣石山事、○二卷百五十六頁參照、
廿日　室町殿御院參事、○二卷百五十七頁參照、
廿四日　室町殿御參內(稱光天皇)事、○二卷百五十七頁參照、

六月

一日　室町殿（足利義持）御院（後小松上皇）參事、有猿樂事、〇二巻百五十九頁參照、

（31オ）

二日　同事、〇二巻百五十九頁參照、

廣橋一位（兼宣）家裏築地被壞事、〇二巻百五十九頁參照、

三日　室町殿御院參事、〇二巻百六十一頁參照、

七日　祇園御輿迎風流ホ參內（稱光天皇）・院事、〇二巻百六十二頁參照、

小除目事、〇二巻百六十二頁參照、

十日　頭中將隆夏（油小路）朝臣來臨、被問藏人頭間事、〇二巻百六十三頁參照、

十一日　月次祭幷神今食事、雨儀事、〇二巻百六十五頁參照、

十二日　解齋御粥事、〇二巻百六十五頁參照、

十五日　於院有猿樂事、〇二巻百六十六頁參照、

祇園臨時祭御禊事、〇二巻百六十六頁參照、

足利義持石清水八幡宮ニ參籠ス

十七日　室町殿御參籠八幡事、〇二巻百六十六頁參照、

廿四日　花頂僧正（定助）自明日於八幡可有修法事、〇二巻百六十六頁參照、

廿五日　室町殿自八幡御還向事、直御參北野事、八幡神馬相鬪事、〇二巻百六十七頁參照、

稱光天皇ト後小松上皇ノ御仲不快ナリ

廿七日　主上・〻皇御中不快事、〇二巻百六十七頁參照、

廿八日　主上欲出御禁中事、○二卷百六十八頁參照、
廿九日　室町殿御院參事、○二卷百六十八頁參照、
卅日　同事、○二卷百六十八頁參照、
依有閏月無大祓事、○二卷百六十八頁參照、

閏六月

(31ウ)
一日　室町殿(足利義持)御院(後小松上皇)參事、○二卷百六十九頁參照、
二日　同事、○二卷百六十九頁參照、
三日　同事、○二卷百六十九頁參照、
十二日　同事、○二卷百七十頁參照、
十五日　頭中將(油小路隆夏)來臨、問公事間事、○二卷百七十頁參照、
善勝寺間事、幷金山院〔寺〕事、○二卷百七十頁參照、
十九日〔廿カ〕　院月次御樂事、○二卷百七十一頁參照、
廿七日　仙洞御船事〻、○二卷百七十三頁參照、　室町殿御院參事、○二卷百七十三頁參照、
廿九日　院六月祓事、○二卷百七十三頁參照、

七月

一日　室町殿(足利義持)渡御關白(二條持基)第事、○二巻百七十四頁參照、

二日　同御參內(稱光天皇)事、○二巻百七十四頁參照、

三日　同御院(後小松上皇)參事、猿樂、○二巻百七十四頁參照、

五日　大(右)頭中將基世(園)朝臣問拜賀間事〻、○二巻百七十五頁參照、

七日　仙洞草花事、○二巻百七十八頁參照、

仙洞幷內裏乞巧奠事、雨儀事、○二巻百七十八頁參照、

八日　頭中將(油小路隆夏)問可与奪別殿行幸消息書樣事、○二巻百七十八頁參照、

仙洞草花御賞翫事、○二巻百七十九頁參照、

九日　同事、猿樂、○二巻百七十九頁參照、

大內盛見九州ニ下向ス

(32オ)

十一日　大內入道德應、俗名多〻良盛見、下向鎭西事、○二巻百七十九頁參照、

泉涌寺ニ詣ヅ

十二日　詣東山泉涌寺事、○二巻百七十九頁參照、

十六日　室町殿御參內事、御船事〻、○二巻百八十頁參照、

十七日　左(隆夏)頭中將被示合六位外史・藏人方使人相論地事、○二巻百八十頁參照、

稱光天皇煩フ

十八日　室町殿御院參事、○二巻百八十頁參照、

廿三日　日野中納言義資（裏松）、奉院執權事、○二巻百八十一頁參照、

廿五日　內御惱事、○二巻百八十一頁參照、

廿六日　同間事、条々有沙汰、○二巻百八十一頁參照、

廿七日　同事、參內、○二巻百八十六頁參照、

廿八日　同事、○二巻百八十七頁參照、

被奉御告文於伊勢・石清水ホ事、○二巻百八十七頁參照、

光範門院院號定

廿九日　御惱事、○二巻百八十八頁參照、

院号（光範門院、日野西資子）定事、○二巻百八十八頁參照、

八月

八月

一日　御惱（稱光天皇）事、同間条々、○二巻百九十三頁參照、

二日　御惱事、範景（岡崎）爲御祈參詣八幡事、○二巻百九十五頁參照、岡崎範景石清水八幡宮ニ詣ヅル事三日條ニ見ユ、

仙洞（後小松上皇）御修法事、○二巻百九十五頁參照、

四日　御惱不令發御事、○二巻百九十六頁參照、

內近臣七人七佛藥師ニ詣ヅ

內近臣七人詣七个所藥師事、○二卷百九十六頁參照、　於八幡被行里神樂事、御悩御祈、○二卷百九十七頁參照、」

(32ウ)

五日　御悩不令發御事、○二卷百九十七頁參照、

六日　同事已爲御減氣事、○二卷百九十七頁參照、

女院(光範門院、日野西資子)自內令出給事、御座院(後小松上皇)御所事、○二卷百九十七頁參照、

七日　於御殿被行七佛藥師法事、○二卷百九十七頁參照、

勸修寺經興父子赦免セラル

十日　勸修寺前中納言經興(勸修寺)・右少弁經直ホ依御免出仕事、○二卷百九十八頁參照、

十一日　四条宰相(隆盛)尋放生會召使祿有無事、○二卷百九十八頁參照、

右衞門督(山科教豐)尋問泉涌寺御幸間事、○二卷百九十八頁參照、

尺奠事、參仕儀、○二卷百九十九頁參照、

相國寺火ク

十四日　相國寺炎上事、○二卷二百八頁參照、

十五日　放生會事、○二卷二百九頁參照、

十六日　尋常事、〔駒牽(ヒ)(う)〕見物事、○二卷二百九頁參照、

十七日　御殿七佛藥師法結願事、日中儀也、○二卷二百十一頁參照、

十八日　御院參事、○二卷二百十五頁參照、

內侍所刀自召籠ラル

廿日　內侍所刀子(三條)以下被召〔籠(ヒ)(う)〕參事、○二卷二百十五頁參照、

廿八日　藏人左少弁資親（日野、本年六月七日補藏人）奏慶事、〇二卷二百十七頁參照、

足利義持御室ニ渡ル

卅日　室町殿（足利義持）渡御御室（永助法親王）事、〇二卷二百十七頁參照、

九月

九月

一日　室町殿（足利義持）御院（後小松上皇）參事、〇二卷二百十八頁參照、

六日　左頭中將（油小路隆夏）可從事消息案被乞請事、消息案、〇二卷二百十九頁參照、

七日　藏人頭獻諸社祭內侍出車例事、〇二卷二百十九頁參照、

（33オ）

八日　明日御幸泉涌寺之間、可候御留守御所之由、依仰相觸人〻事、有消息、〇二卷二百二十頁參照、

九日　平座事、〇二卷二百二十頁參照、

頭中將隆夏朝臣拜賀事、被受諷諫事、〇二卷二百二十頁參照、

後小松上皇泉涌寺ニ御幸ス

十日　御幸泉涌寺事、候御留守事、〇二卷二百二十一頁參照、

還御之便、御幸入道內府（義持、法名道詮）御第幷崇賢門院（廣橋仲子）ホ事、〇二卷二百二十五頁參照、

十一日　室町殿御院參事、〇二卷二百二十五頁參照、

泉涌寺幷雲龍院進御贈物事、〇二卷二百二十五頁參照、

自室町殿被進御引物事幷供奉公卿賜御劔・御馬事、〇二卷二百二十五頁參照、

十二日　可有兩社行幸之由、自內(稱光天皇)被申院事、〇二卷二百二十五頁參照、

十七日　被行例幣事、去月依穢延引、〇「去月依穢延引」ハ十八日ノ御靈社祭ニカカルモノナラン、二卷二百二十六頁參照、

十八日　室町殿御院參事、〇二卷二百二十六頁參照、

廿四日　同事、〇二卷二百二十七頁參照、

十月

一日　室町殿(足利義持)御院(後小松上皇)參事、〇二卷二百二十八頁參照、

平座事、〇二卷二百二十八頁參照、

三日　室町殿御院參事、有猿樂、〇二卷二百二十九頁參照、　喝食十三人參入見物事、〇二卷二百二十九頁參照、

七日　相國寺事始事、〇二卷二百二十九頁參照、

八日　左頭中將(油小路隆夏)被尋裝束使弁(甘露寺房長)宣下間事、口宣案、〇二卷二百二十九頁參照、

稱光天皇病平癒ノ後湯殿始アリ
(33ウ)

主上(稱光天皇)御不豫御平癒之後、始供御湯事、〇二卷二百三十一頁參照、

九日　政助(定親弟)僧都被補長講堂供僧事、院宣案、〇二卷二百三十一頁參照、

十四日　院新造御所立柱上棟事、〇二卷二百三十二頁參照、

十九日　內裏御修理事、〇二卷二百三十二頁參照、

廿一日　室町殿御院參事、巡御粥始事、〇二巻二百三十三頁參照、

廿二日　同事、同、〇二巻二百三十三頁參照、

廿三日　左頭中將被示合內膳司御炊申御膳具朩事、〇二巻二百三十三頁參照、

室町殿御參內事、御惱平愈〔癒〕後初度可獻事、〇二巻二百三十四頁參照、

主上着御綾幷志〻良練貫御小袖事、〇二巻二百三十四頁參照、

廿六日　內膳御炊申間事、〇二巻二百三十四頁參照、

廿七日　左頭中將被示合采女養料御教書〻樣事、消息、〇二巻二百三十五頁參照、

定親室着帶ス

女房（定親室）着帶事、〇二巻二百三十五頁參照、

万里小路大納言拜賀事、時房、〇本年六月二日任權大納言、二巻二百三十五頁參照、

足利義持德大寺公俊第ニ渡ル

室町殿沙汰〔渡御ヒう〕入道相國第事、德大寺、（公俊、法名常俊）〇二巻二百三十六頁參照、

十一月

十一月

一日　室町殿（足利義持）御院（後小松上皇）參事、但無實、〇二巻二百三十六頁參照、

春日祭延引事、〇二巻二百三十六頁參照、

忌火御飯事、〇二巻二百三十七頁參照、

平野祭延引事、〇二巻二百三十七頁參照、

相國寺立柱

(34オ)

三日　相國寺立柱事、〇二巻二百三十七頁參照、

四日　室町殿御院參事、〇二巻二百三十七頁參照、

五日　左頭中將(油小路隆夏)被示合內侍〔所脫〕臨時御神樂申沙汰間事、消息案、〇二巻二百三十七頁參照、

地震

地震事、〇二巻二百三十七頁參照、

六日　禁中公事零落由、被仰事、〇二巻二百三十九頁參照、

七日　左頭中將示合中院中納言通淳、(本年六月七日還任權中納言)拜賀申次可与奪事、消息案、〇二巻二百三十九頁參照、

政助(定親弟)僧都補長講堂供僧可初參事、〇二巻二百四十頁參照、

八日　同事、〇二巻二百四十頁參照、

左頭中將被示合臨時御神樂間事、〇二巻二百四十頁參照、

御裾候樣事、〇二巻二百四十頁參照、　散狀書樣事、〇二巻二百四十頁參照、

九日　內侍所臨時御神樂事、〇二巻二百四十二頁參照、

十一日　室町殿御院參事、〇二巻二百四十三頁參照、

興福寺維摩會藏人右大弁資親〔左少ヒ〕(日野)參向事、〇二巻二百四十三頁參照、

十二日　仙洞御樂事、〇二巻二百四十三頁參照、

足利義持清水寺ニ參籠ス

十三日　室町殿御參籠清水寺事、〇二卷二百四十三頁參照、

春日祭事、〇二卷二百四十三頁參照、

吉田祭事、〇二卷二百四十三頁參照、　内侍（東坊城茂子）出車間事、〇二卷二百四十三頁參照、

平野祭事幷臨時祭御禊事、〇二卷二百四十四頁參照、

十四日　新嘗祭卜合時被催事、〇二卷二百四十四頁參照、

室町殿俄自清水寺御出事、〇二卷二百四十五頁參照、

（34ウ）

十六日　御院參事、〇二卷二百四十五頁參照、

藏人左中弁房長（甘露寺）去十三日平野臨時祭不參、可被除籍之由間事、〇二卷二百四十五頁參照、

亡父中山滿親ノ詠歌ニ就キ夢ム

夢先考（中山滿親、定親父）御詠哥事、〇二卷二百四十六頁參照、

十七日　大原野祭事、〇二卷二百四十六頁參照、

十八日　園韓神祭停止事、〇二卷二百四十六頁參照、

十九日　鎭魂祭事、〇二卷二百四十六頁參照、

廿日　新嘗祭事、〇二卷二百四十七頁參照、

廿一日　室町殿御院參事、〇二卷二百四十七頁參照、

豐明平座事、〇二卷二百四十七頁參照、

吉田大納言(清閑寺)家俊、拜賀事、〇本年六月七日任權大納言、二巻二百四十七頁參照、

左中將雅兼朝臣(白川)男(白川)資益、元服事、〇二巻二百四十七頁參照、

廿三日　左頭中將被示合新藤中納言(日野町藤光)勅授宣下事、幷拜賀申次事、口宣案・消息案、〇二巻二百四十七頁參照、

義持北野社ニ參籠ス

廿四日　室町殿御參籠北野事、〇二巻二百四十九頁參照、

廿六日　新藤中納言藤光、拜賀事、〇本年六月七日任權中納言、二巻二百四十九頁參照、

廿七日　左大弁宰相(日野)秀光、拜賀事、〇本年六月七日任參議、二巻二百四十九頁參照、

卅日　左頭中將被示合月次・神今食中沙汰間事〻、消息案、〇二巻二百四十九頁參照、

十二月

十二月

一日　心明僧正入滅事、〇二巻二百五十三頁參照、

等持寺御八講

(35オ)

二日　「等持寺御八講事、〇二巻二百五十三頁參照、

右大將(久我清通)不具隨身事、〇二巻二百五十三頁參照、

廣橋入道(兼宣、法名常寂)奉行事、〇二巻二百五十四頁參照、　子息右大弁(廣橋宣光)勅勘事、〇二巻二百五十四頁參照、

勸修寺中納言(經興)召前駈事、〇二巻二百五十五頁參照、　飛鳥井宰相(雅世)笠柄事、〇二巻二百五十五頁參照、　光円僧都乘

(裏松)政光文車事、〇二巻二百五十五頁參照、

定親姉小倉尼没ス

三日　御八講第二日事、○二卷二百五十八頁參照、

(聖親房、中山満親女、定親姉)小倉尼公入滅事、○二卷二百五十八頁參照、

四日　御八講第三日事、依輕服不參事、○二卷二百五十九頁參照、

七日　(油小路隆夏)左頭中將被示合年始公事間事、消息案、○二卷二百五十九頁參照、

八日　同人被示合月次祭弁〔幷〕消息書樣事、消息案、○二卷二百六十二頁參照、

十日　輕服之後出仕事、除服事被宣下了、○二卷二百六十三頁參照、

十一日　(足利義持)室町殿御院(後小松上皇)參事、○二卷二百六十三頁參照、

足利満詮後室藤原誠子従三位ヲ追贈サル

故贈左府(足利満詮)養徳院、後室(藤原誠子)贈位(従三位)宣下、依月次祭廢務延引事、○二卷二百六十三頁參照、

飛鳥井宰相雅世、男侍従雅親(飛鳥井)初出仕事、昨日加首服云々、○二卷二百六十三頁參照、

十二日　解齋御粥事、○二卷二百六十三頁參照、

權少僧都宗悟轉大宣下事、口宣案、○二卷二百六十四頁參照、

十四日　室町殿御院參事、○二卷二百六十四頁參照、

十七日　(義承)梶井大僧都母儀(誠子)贈位宣下事、陣儀、○二卷二百六十四頁參照、

十九日　室町殿御院參事、○二卷二百六十五頁參照、

廿日　同渡御上乘院宮(道朝法親王)事、○二卷二百六十五頁參照、

（35ウ）

左頭中將被示合御方違行幸(稱光天皇)明年中日次可相尋間事、消息案、〇二卷二百六十五頁參照、

明年敍位式日(五日)相當御衰日、仍可爲六日事、〇二卷二百八十五頁參照、　又明年中職事分配間事、〇二卷二百六十五頁參照、」

還補職事(勸修寺經直)分配公事間事、〇二卷二百六十五頁參照、

別殿行幸頭中將(隆夏・園基世)兩人參入時、上﨟(隆夏)猶可候御斂事、〇二卷二百六十六頁參照、

年始禁中掃除御教書衞士所望事、〇二卷二百六十六頁參照、

以上、頭中將被示合条〻、

廿一日　室町殿御院參事、〇二卷二百六十六頁參照、

院召次幸末佐被召內御前事、〇二卷二百六十六頁參照、

院御藥可參之由、有催事、〇二十四日條ナラン、二卷二百六十六頁參照、

廿四日　左頭中將被示合職事分配間事〻、〇二卷二百六十七頁參照、

廿五日　室町殿御院參事、〇二卷二百六十七頁參照、

十八人十度御酒事、〇二卷二百六十七頁參照、

廿七日　參賀室町殿事、〇二卷二百六十八頁參照、

法躰人參內裝束事、着衣袴不可然事、〇二卷二百六十八頁參照、

廿八日　左頭中將被示合敍位奉行消息案事、消息案、〇二卷二百六十八頁參照、

廿九日　同人被示合後七日・大元法与奪消息案事、消息案、〇二巻二百七十頁参照、
敍位儀參陣事被催事、〇二巻二百十一頁参照、

卅日　參院事、〇二巻二百十一頁参照、
追儺事、〇二巻二百十二頁参照、

應永三十三年

同（應永）卅三年

參議從三位行左近衞權中將藤原（中山定親）朝臣春秋廿六、」

正月

正月

足利義持内裏竝ニ院ニ參ル

(36オ)

一日　室町殿（足利義持）御參内（稱光天皇）・院（後小松上皇）事、〇三巻一頁参照、
法躰輩參内間事、着用衣袴參内、不可然事、〇三巻一頁参照、
院御藥事、參入、〇三巻二頁参照、
藏人頭（油小路隆夏・園基世）任位次役供奉〔ヒう事〕、〇三巻三頁参照、　公知（清水谷）朝臣着縫腋袍、付魚袋事、〇三巻四頁参照、
同拜礼事、
女院（光範門院、日野西資子）拜礼事、〇三巻五頁参照、
節會事、〇三巻五頁参照、　右頭（基世）中將不帶劒事、〇三巻五頁参照、

二日　内・院共無四方拝事、
小朝拝申次作法事、
拝礼時關白(二條持基)退出時、家公卿作法事、〇三巻五頁參照、
院御藥事、　依當番着衣冠參院事、
遲參公卿作法事、
殿上淵醉事、〇三巻五頁參照、
脫肩事、左右間不審事、　〇三巻六頁參照、
三日　院御藥事、
四日　參賀室町殿事、
敍位
六日　敍位儀事、〇三巻七頁參照、
清書ヲ勤ム
勤清書事、委細也、　〇三巻七頁參照、
中文盛御硯蓋、置御座樣事、〇三巻二十五頁參照、
(36ウ)
七日　白馬節會事、〇三巻二十七頁參照、
十一日　室町殿御院參事、〇三巻二十八頁參照、
十二日　同事、〇三巻二十八頁參照、

室町殿近邊火ク

十三日　同事、○三巻二十八頁參照、

十五日　室町殿近邊炎上事、○三巻二十八頁參照、

十六日　節會事、○三巻二十九頁參照、

宣命使(四辻季保)作法事、○三巻二十九頁參照、

大將(近衞房嗣)隨身無人事、○三巻二十九頁參照、

舞妓遲〻、被催外記、如何事、○三巻三十頁參照、

十九日　室町殿御院參事、○三巻三十頁參照、

東大寺・興福寺確執事、○三巻三十頁參照、

廿六日　詣花頂僧正(定助)坊雜談事、条〻、○三巻三十二頁參照、

下車時故實事、○三巻三十二頁參照、　往來事、○三巻三十三頁參照、　後花山(藤原通雅)相國遺言事、○三巻三十三頁參照、　花山院幷當依〔流〕公事作法事、○三巻三十三頁參照、　花頂相續仁躰事、○三巻三十四頁參照、　故久世(久我具通)相國事、○三巻三十四頁參照、

常消息不可用檀紙事、○三巻三十四頁參照、　紫色五帖袈裟事、○三巻三十四頁參照、　覽筥事、○三巻三十五頁參照、

廿九日　仙洞御樂事、○三巻三十六頁參照、

廣橋宣光赦免サル

二月

一日　右大弁宰相宣光（廣橋）、御免勅勘（應永三十二年十二月二日）、拜賀事、去年六月任（七日）参議、于今延引、〇三巻三十九頁参照、

（37オ）
三日　室町殿（足利義持）御院（後小松上皇）参事、〇三巻四十頁参照、

四日　祈年祭事、〇三巻四十頁参照、

七日　東大・興福（乗雅）両寺別当被改補事、〇三巻四十頁参照、

十二日　尺奠事、式日（二日）延引、〇三巻四十一頁参照、

十四日　大原野祭事、式日（二日）延引、〇三巻四十一頁参照、

十六日　室町殿御院参事、〇三巻四十二頁参照、
左頭中将（油小路隆夏）被示合除目日次可尋消息案事、消息、〇三巻四十二頁参照、

十九日　室町殿御院参事、〇三巻四十二頁参照、

廿日　同事、〇三巻四十三頁参照、

廿二日　左頭中将被示合除目日事、〔次脱カ〕幷執筆事、消息案、〇三巻四十三頁参照、

廿八日　院御楽事、〇三巻四十六頁参照、

三月

三月

一日　室町殿（足利義持）御院（後小松上皇）參事、○三巻五十頁參照、

三日　祈年穀奉幣使定可參陣由、有催事、○三巻五十頁參照、

四日　左頭中將（油小路隆夏）示合除目延引可相觸之消息事、消息案、○三巻五十一頁參照、

中原師勝宅火ク

六日　四位大外記師勝（中原）朝臣宅燒亡事、○三巻五十二頁參照、

七日　訪師勝朝臣火災事、○三巻五十二頁參照、

十日　左頭中將被示合祈年穀奉幣當日沙汰間事、仰詞事、○三巻五十二頁參照、

十一日　祈年穀奉幣事、○三巻五十三頁參照、

（37ウ）

十五日　院御樂事、○三巻五十三頁參照、　十六日　頭中將（隆夏）觸除目入眼爲御點之由事、○三巻五十四頁參照、

十七日　室町殿御院參事、○三巻五十四頁參照、

十八日　依除目入眼參陣參宮（大神宮）不可叶之由、有仰事、○三巻五十四頁參照、

十九日　右衞門督教光〔豐〕（山科）、被示合除目督請申文事、申文案、○三巻五十五頁參照、

廿一日　北野一切經會事、○三巻五十五頁參照、

左頭中將送御教書、相觸候除目參事〻、消息幷請文案、○三巻五十五頁參照、

足利義持大神宮ニ進發ス
縣召除目

廿四日　室町殿御院參事、〇三卷五十六頁參照、
廿七日　室町殿令進發伊勢給事、〇三卷五十六頁參照、
除目始事、〇三卷五十七頁參照、
奉行同事、左頭中將被示合条〻事、〇三卷五十七頁參照、
申文ホ事、〇三卷五十七頁參照、
廿八日　除目第二夜事、〇三卷七十二頁參照、
飛鳥井宰相(雅世)中文難書事、〇三卷七十二頁參照、

清書ヲ勤ム

廿九[日]《ヒう》同入眼事、勤清書事、〇三卷七十四頁參照、
(約四行分空白)

(38オ)

四月

四月

一日　平座事、〇三卷百八頁參照、

足利義持大神宮參詣ヨリ歸洛ス

三日　室町殿(足利義持)自伊勢御還向事、〇三卷百九頁參照、
七日　等持寺八講參事日野中納言(裏松)義資、相觸之事、〇三卷百九頁參照、
十二日　被催明日院(後小松上皇)猿樂參仕幷祿物事〻、〇三卷百十頁參照、

十九日　警固召仰事、〇三巻百十一頁參照、

廿日　日吉祭事、有次第、〇三巻百十一頁參照、

馬借等狼藉アリ

　馬借ホ狼藉事、〇三巻百十三頁參照、

廿一日　賀茂祭事、〇三巻百十四頁參照、

　藏人帯細太刀之時、不可入尻鞘事、〇三巻百十四頁參照、

廿二日　解陣事、〇三巻百十四頁參照、

廿四日　吉田祭事、〇三巻百十五頁參照、

等持寺御八講

廿五日　ホ持寺御八講初日事、參入、〇三巻百十五頁參照、　勸修寺(經興)前中納言前駈着衣冠事、〇三巻百十五頁參照、

廿六日　同第二日事、〇三巻百十六頁參照、

禁裏女房懷妊ス

　內女房(今參局、和氣郷成女)懷妊事、〇三巻百十七頁參照、

廿七日　御八講第三日事、〇三巻百十七頁參照、

廿八日　同第四日事、〇三巻百十九頁參照、

廿九日　同結願事、〇三巻百二十頁參照、

五月

五月

等持寺御八講

(38ウ)

二日　ホ持寺御八講初日事、〇三巻百二十三頁參照、

三日　同第二日事、〇三巻百二十四頁參照、

四日　同第三日事、〇三巻百二十四頁參照、

六日　自諸司所獻之昌〔菖〕蒲事、〇三巻百二十五頁參照、

七日　廣橋入道(兼宣、法名常寂)一位室卌九日願文事、〇三巻百二十七頁參照、

八日　頭中將(油小路隆夏)被示合禁裏(稱光天皇)御修法申沙汰間事、消息、〇三巻百二十七頁參照、

九日　室町殿(足利義持)御院(後小松上皇)參事、〇三巻百二十八頁參照、

十二日　禁裏御修法始事、〇三巻百二十九頁參照、

太神宮造宮使(大中臣宣直)宣下事、口宣、〇三巻百二十九頁參照、

十三日　室町殿御院參事、〇三巻百三十頁參照、

十四日　院御樂事、〇三巻百三十頁參照、

洞院滿季後小松上皇ノ仰ニ依リ帝王系圖ヲ書進ス

內府(洞院滿季)依仰書進帝王御系圖事、〇三巻百三十頁參照、

十六日　左中弁房長(甘露寺)四品宣下事、口宣、〇三巻百三十一頁參照、

廿三日　左頭中將(隆夏)來、被示合政始申沙汰事〻、消息、〇三巻百三十二頁參照、

六月

六月

足利義持參院ス

一日　室町殿(足利義持)御院(後小松上皇)參事、○三卷百三十五頁參照、

三日　同事、○三卷百三十五頁參照、

〔五〕日　內女房(今參局、和氣郷成女)着帶事、○三卷百三十六頁參照、

〔九〕日　禪師号事、○滅宗宗興ニ圓光大照禪師、白崖寶生ニ普覺圓光禪師ノ號ヲ追謚ス、三卷百三十六頁參照、

(39オ)

〔十一〕日　左頭中將(油小路隆夏)來、被示政始間事、○三卷百三十六頁參照、

月次祭事、○三卷百三十七頁參照、　同御教書書様事、○三卷百三十七頁參照、

〔十二〕日　左頭中將示合政始間事、消息、　○三卷百三十七頁參照、

〔十三〕日　政始可參之由、有院仰事、○三卷百三十八頁參照、

〔十六〕日　左頭中將示合止雨奉幣間事、消息、　○三卷百三十八頁參照、

〔十七〕日　止雨奉幣事、○三卷百四十一頁參照、

〔十八〕日　院月次御樂事、○三卷百四十一頁參照、

〔廿〕日　鷹司前右府(冬家)息入室花頂(定助)事、○三卷百四十二頁參照、

坊城俊國卒ス

〔廿一〕日　藏人右中弁俊國(坊城)死去事、○三卷百四十三頁參照、

〔廿七〕日　室町殿御院參事、○三卷百四十三頁參照、

〔廿八〕日　院御樂事、○三卷百四十三頁參照、

〔卅〕日　院六月祓事、無出御之儀、○三卷百四十四頁參照、

七月

七月
足利義持參內ス

〔二〕日　室町殿（足利義持）御參內（稱光天皇）事、○三卷百四十五頁參照、

四日　同御院（後小松上皇）參事、○三卷百四十六頁參照、

八日　左頭中將（油小路隆夏）被談政始事、○三卷百四十六頁參照、

十一日　右大弁宰相宣光（廣橋、本年三月二十五日母沒）、除服出仕事、○三卷百四十七頁參照、

去七夕、自內裏被召花於諸寺事、○十二日條ナラン、三卷百四十七頁參照、

十四日　眞如堂如來有不奉拜見之人事、○三卷百四十七頁參照、

(39ウ)
十七日　政始可參之由、有院仰事、○三卷百四十八頁參照、

十八日　室町殿御院參事、○三卷百四十八頁參照、

廿二日　歴覽官廳事、○三卷百四十九頁參照、

廿三日　政始事、參衙儀、○三卷百四十九頁參照、

仙洞御船事〻、〇三卷百七十三頁參照、

廿四日　任大臣事、〇近衞房嗣任內大臣、三卷百七十三頁參照、

廿五日　室町殿御院參事、〇三卷百七十四頁參照、

廿八日　同事、〇三卷百七十四頁參照、

除目清書紙事、〇三卷百七十四頁參照、

稱光天皇煩フ

廿九日　主上御惱事、〇三卷百七十四頁參照、

八月

八月

二日　(稱光天皇)御惱事、〇三卷百七十六頁參照、

三日　室町殿(足利義持)御院(後小松上皇)參事、〇三卷百七十七頁參照、

止雨奉幣

止雨奉幣事、〇三卷百七十七頁參照、

四日　北野臨時祭依御惱延引事、〇三卷百七十七頁參照、

五日　左頭中將(油小路隆夏)被示合駒引奉行事〻、消息、〇三卷百七十七頁參照、

六日　尺奠延引事、〇三卷百七十七頁參照、

足利義持石清水八幡宮ニ詣ヅ

九日　室町殿渡御八幡事、〇三卷百七十八頁參照、

十五日　放生會事、〇三卷百七十八頁參照、

(40オ)
十六日　室町殿自八幡御還向、入御北野禪能坊事、（松梅院）〇三卷百七十八頁參照、

左頭中將談駒引上卿間事、〇三卷百七十八頁參照、

尺奐事、〇三卷百七十九頁參照、

駒牽事、〇三卷百七十九頁參照、

廿日　內御不豫御增氣事、〇三卷百八十頁參照、

廿二日　仙洞千句御連哥事、〇三卷百八十頁參照、

室町殿御院參事、有御盃數獻、〇三卷百八十頁參照、

大威儀師某敍法橋宣下事、口宣、〇三卷百八十頁參照、

日野中納言入道（烏丸、法名祐進）豐光卿、母堂（慈隆、日野資康室）死去事、〇三卷百八十二頁參照、

廿四日　禁裏御修法事、金剛童子法、〇三卷百八十二頁參照、

泰山府君御祭事、於在方卿（賀茂）私宅行之、〇三卷百八十二頁參照、

廿七日　室町殿御院參事、右府（二條兼良）被參事、〇三卷百八十三頁參照、

造太神宮行事上卿事、幷弁、〇三卷百八十三頁參照、

廿八日　爲主上御惱御祈、近臣七人參詣七仏藥師事、〇三卷百八十三頁參照、

九月

稱光天皇病平癒ノ後湯殿始アリ

九月

一日　室町殿(足利義持)御院(後小松上皇)參事、〇三巻百八十四頁參照、

二日　神宮上卿(武者小路隆光)・弁(甘露寺房長)治定事、〇三巻百八十五頁參照、

三日　御燈御禊依御(稱光天皇)不豫停止事、〇三巻百八十五頁參照、

八日　泉涌寺舍利會、室町殿御見物事、〇三巻百八十五頁參照、

(40ウ)

九日　室町殿御院參事、〇三巻百八十五頁參照、

平座事、〇三巻百八十五頁參照、

十一日　例幣事、〇三巻百八十六頁參照、

十四日　主上御不豫後始御浴殿事、人々進御劔事、〇三巻百八十七頁參照、

十六日　左頭中將(油小路隆夏)示合平座与奪消息様事、消息、〇三巻百八十七頁參照、

十七日　左頭中將示合平座弁公卿分配申沙汰間事々、消息、〇三巻百八十八頁參照、

晃覺權少僧都宣下事、口宣、〇三巻百九十一頁參照、

十八日　頭中將(隆夏)示合平座公卿(上カ)以下重可催仰消息事、消息、〇三巻百九十一頁參照、

院御樂事、〇三巻百九十一頁參照、

足利義持大神宮ニ詣ヅ
廿日　室町殿御參宮事、〇三卷百九十二頁參照、
勸修寺前中納言(經興)夢想連哥事、〇三卷百九十二頁參照、
廿二日　依內裏穢、犬產、北野臨時祭延引事、〇三卷百九十三頁參照、
院月次御樂事、〇三卷百九十二頁參照、
廿六日　春日社造營木作始日時定事、〇三卷百九十五頁參照、
廿七日　北野臨時祭事、〇三卷百九十五頁參照、
室町殿自伊勢御還向事、〇三卷百九十五頁參照、
廿八日　內裏小番被結改七番事、〇三卷百九十五頁參照、
廿九日　雜任宣下可憚大臣名字事、幷廢務日不可宣下事、〇三卷百九十五頁參照、
公卿分配參議重服、(廣橋宣光、本年三月二十五日母沒)如何事、〇三卷百九十六頁參照、
以儒卿必可充尺奠分配之由、師勝(中原)朝臣稱之、如何事、〇三卷百九十六頁參照、

(41オ)

十月

十月

一日　室町殿(足利義持)御院(後小松上皇)參事、〇三卷百九十七頁參照、
參內公卿着直衣可相憚日事、〇三卷百九十八頁參照、

平座事、〇三巻百九十八頁參照、

三日　室町殿御院參事、〇三巻百九十九頁參照、

五日　園韓神社造營間事、〇三巻二百頁參照、

八日　満仁親王薨ズ　常盤井入道親王(満仁親王)薨去事、〇三巻二百頁參照、

十三日　左頭中將(油小路隆夏)示合采女養料御教書案事、消息、〇三巻二百一頁參照、

十四日　持來公卿分配事、〇三巻二百一頁參照、

十五日　細川右京大夫(満元、法名道歡)入道所勞危急事、〇三巻二百二頁參照、

十六日　細川満元卒ス　同人(満元)死去事、不可混穢之由、有仰事、見昨日記、〇三巻二百二頁參照、

十七日　神宮山口・木本祭并請印政内文ホ間事、〇三巻二百二頁參照、

左頭中將示合山法師(圓林院權大僧都)可致御祈禱之由、可遣御教書間事〻、消息、〇三巻二百二頁參照、

前藤宰相(高倉永藤)申室町殿御返事〻、〇三巻二百三頁參照、

左頭中將申賀茂奉行職事〻、〇三巻二百三頁參照、

十八日　室町殿依日吉元三御神事、不可令向京兆(満元)禪門葬礼給事、〇三巻二百四頁參照、

十九日　請印政事、〇三巻二百四頁參照、

造太神宮山口・木本祭日時定事、〇三巻二百四頁參照、

（41ウ）

伯（資忠王）二位同〔問ヒう〕今日公事日着直衣參內、如何事、○三卷二百四頁參照、

以大臣書口宣之時、可載姓尸哉否事、○三卷二百四頁參照、

足利義持因幡堂ニ參籠ス

廿日　室町殿因幡堂御參籠事、○三卷二百五頁參照、

廿一日　姫宮（稱光天皇皇女）降誕事、皇子誕生御祈無驗事、○三卷二百五頁參照、

廿三日　仙洞貢馬御覽御隨身出立事、○三卷二百五頁參照、

廣橋（兼宣、法名常寂）入道院召仰長〔次カ〕稱衞府長事、召具衞府長二人之事、如何事、○三卷二百五頁參照、

廿四日　勅定忝事、○三卷二百六頁參照、

法勝寺大乘會不被行事、○三卷二百六頁參照、

廿七日　左頭中將示合平野祭幣料御敎書事、消息、○三卷二百七頁參照、

賀茂相嘗祭樂人事、○三卷二百十頁參照、

廿八日　同事、○三卷二百十一頁參照、

十一月

十一月

二日　相嘗笛事、○三卷二百十三頁參照、

四日　師（中原）勝朝臣雜談事、○三卷二百十四頁參照、

政始間事、○三巻二百十四頁参照、

五日　左頭中將(油小路隆夏)采女養料御教書案事、消息、　○三巻二百十五頁参照、

同人被示合平野祭初日〔神（ヒう）〕馬御教書案事、消息、　○三巻二百十五頁参照、

僧官宣下事、口宣案、　○三巻二百十六頁参照、

六日〔五カ〕　同人被示合平野祭散状并神馬御教書事、消息、　○三巻二百十六頁参照、

(42オ)

七日　平野祭事、并御禊事、　○三巻二百十七頁参照、

九日　維摩會弁(甘露寺忠長)下向事、○三巻二百十七頁参照、

十日　左頭中將被示合鎮魂祭消息事、消息、　○三巻二百十八頁参照、

維摩會始事、○三巻二百十九頁参照、

十二日　園韓神祭依御社顛倒停止事、○三巻二百十九頁参照、

十三日　鎮魂祭事、参向儀、　○三巻二百十九頁参照、　散状書様事、案、　○三巻二百三十二頁参照、

十四日　新嘗祭事、○三巻二百三十三頁参照、

十五日　室町殿(足利義持)御参籠清和院事、○三巻二百三十三頁参照、

足利義持清和院ニ参籠ス

左頭中將示合大原野祭奉行間事、消息、　○三巻二百三十三頁参照、

院(後小松上皇)月次御樂事、○三巻二百三十四頁参照、

豊明平座事、〇三卷二百三十五頁參照、

後小松上皇ヨリ水鏡ヲ賜ハル

十六日　被下水鏡御本事、〇三卷二百三十五頁參照、

十八日　左頭中將示合廣田社造營遷宮日時事、消息、〇三卷二百三十六頁參照、

十九日　春日祭事、〇三卷二百三十七頁參照、

吉田祭事、〇三卷二百三十七頁參照、

廿二日　室町殿御院參事、〇三卷二百三十七頁參照、

廿三日　大原野祭事、〇三卷二百三十七頁參照、

〔十一〕

延曆寺六月會事、〇三卷二百三十七頁參照、

廿五日　仙洞御連哥事、〇三卷二百三十八頁參照、

義持妙法院ニ渡ル

廿八日　室町殿渡御妙法院宮事、(堯仁法親王)〇三卷二百三十八頁參照、

(42ウ)

卅日　仙洞法事讃事、室町殿御院參、〇三卷二百三十八頁參照、

十二月

十二月

等持寺御八講

二日　ホ持寺御八講始事、參入、〇三卷二百三十九頁參照、

三日　同第二日事、人々具布衣前駈事、〇三卷二百四十頁參照、

四日　同第三日事、神宮上卿(武者小路隆光)・傳奏(清閑寺家俊)不參、如何事、〇三卷二百四十一頁參照、

五日　同第四日事、〇三卷二百四十二頁參照、

六日　同結願事、〇三卷二百四十三頁參照、

八日　內侍所御神樂事、〇三卷二百四十五頁參照、

政光(裏松)任權右少弁、補藏人事、俊國(坊城)闕、〇三卷二百四十七頁參照、

左頭中將(油小路隆夏)被示合年始公事支配間事、消息、〇三卷二百四十五頁參照、

九日　室町殿(足利義持)御院(後小松上皇)參事、〇三卷二百四十七頁參照、

左頭中將示合年始公事間事、消息、〇三卷二百四十七頁參照、

十一日　御院參事、〇三卷二百五十頁參照、

十二日　頭中將(隆夏)示合僧官宣下事、口宣案、〇三卷二百五十頁參照、

新補職事(政光)与奪公事〻、〇三卷二百五十頁參照、

足利義持清水寺ニ參籠ス

十三日　室町殿御參籠清水寺事、〇三卷二百五十一頁參照、

頭中將示合御祈奉行(勸修寺經直)・掃除奉行(政光)未被定仰之間事、〇三卷二百五十一頁參照、

十四日　頭中將示合宣下間事、口宣案、〇三卷二百五十二頁參照、

爲季(法性寺)任中務權少輔事、〇三卷二百五十二頁參照、　光實敘法眼事、〇三卷二百五十三頁參照、

(43オ)

十五日　定〔宗〕意僧正兒猶子事、○三卷二百五十三頁參照、

頭中將示合御祈願所(白子觀音寺)御教書事、消息、○三卷二百五十四頁參照、

同明年中御方違行幸(稱光天皇)日ホ事、消息、○三卷二百五十五頁參照、

十九日　頭中將示合明年節分御方違行幸間事、消息、○三卷二百五十六頁參照、

廿一日　參御〔候カ〕院申次事、○三卷二百五十七頁參照、

廿三日　內藏寮役以〔殿カ〕上疊料〔請ヒう〕樣取事、請取案、○三卷二百五十七頁參照、

頭中將示合僧官宣下事、口宣、○三卷二百五十七頁參照、

同人示合年始公事支配間事、○三卷二百五十九頁參照、

廿四日　院御樂事、○三卷二百六十頁參照、

廿五日　御院參事、○三卷二百六十頁參照、　十度飮事、○三卷二百六十頁參照、

慈恩院(深省)〻主僧歸住事、○三卷二百六十頁參照、

廿七日　參室町殿事、○三卷二百六十一頁參照、

廿八日　春日社恠異事、○三卷二百六十二頁參照、

卅日　追儺事、○三卷二百六十二頁參照、

內幷院御祈、被行泰山府君御祭事、○三卷二百六十三頁參照、

應永三十四年

同（應永）卅四年　　參議從三位行左近衛權中將藤原（中山定親）朝臣春秋廿七、

正月

正月

北野社ニ詣ヅ　（43ウ）　一日　參詣北野事、
室町（足利義持）殿御參内・院參事、（稱光天皇）（後小松上皇）
節會宣命使作法間事、
院拜礼事、
同御藥事、
内藏寮年頭役〔預〕ホ事、立春若水桶杓用途・殿上疊五帖、
三日　淵醉土器致沙汰事、
節會腋御膳料致沙汰事、
四日　參所〻事、
五日　參仙洞事、着布衣事、
敍位　敍位儀事、入眼儀見物、注明日記、○四巻一頁參照、

藏人權右少弁政光從事〻、（裏松、本日敍正五位下）〇四卷二頁參照、
同人禁色宣下事、口宣、
口宣書樣事、
足利義持ニ正三位昇敍ノ慶ヲ申ス
六日
參室町殿畏申加級事〻、（本月五日敍正三位）
敍位聞書續之、〇四卷二頁參照、
敍位入眼儀見物事、
七日
右中將教右朝臣（山科）房家（坊）奏取次不審事、
內藏寮役腋御膳料致沙汰事、
同史生代下知事、
參內事、便路參賀右府事、（一條兼良）
內府（近衛房嗣、應永三十三年七月二十四日任內大臣）拜賀事、幷着陣事、
(44オ)
職事分配事、
白馬節會
節會事、參陣儀委細也、
敍例（列ヒ）事、　宣命使事、
敍人次將裝束事、　內府被着一斤染物事、

八日　後七日法事、

　太元法事、　道場事、

十日　右大弁（廣橋宣光）書改敍位下名取替事、

藤原伊通竝ニ藤原忠親ニ就キ夢ム

十一日　夢九条大相國（藤原伊通）・中山大臣（藤原忠親）殿ホ事、

　詣花頂僧正（定助）房言談間事、

　室町殿御院參事、

十二日　同事、

十三日　雅永（飛鳥井）朝臣示合政光宿侍始陪膳儀幷後朝對揚ホ作法事、消息、

　侍從兼興（楊梅）來、乞去應永廿八年一級下知御消息案事、

　政光從上五位宣下事、書入消息、頭中將示合事、消息、

　淵酔散状事、

禁裏猿樂

　禁中猿樂事、

　政光宿侍事、

十四日　妙光寺事、

　御祭始事、

（44ウ）
十六日　節會事、
十八日　左頭中將（油小路隆夏）示合八幡檢校宣下事、消息、口宣、
　　　　弁官書狀表書事、
十九日　室町殿御院參事、
廿日　敍列立樣事、并除目淸書作法ホ事、
　　　　仙洞三毬打殿上人風流事、
廿一日　雅永朝臣示合春日祭使請文書樣事、消息、
　　　　（園）基世、
廿二日　右頭中將口宣書失ホ事、
廿三日　左頭中將被示合祈年祭奉行間事、消息、
廿四日　五壇法及來月祈年祭、御神事中如何事、
廿五日　左頭中將示合祈年祭惣用可付日野中納言（裏松義資）消息事、消息、
　　　　五壇法爲祈年祭御神事間、如何事、
廿六日　內膳司請取十六日節會脇御膳料事、
廿七日　靫負尉轉任宣下事、口宣、
　　　　祈年祭御教書案事、消息、

廿八日　院月次御樂事、

二月

二月

一日　春日祭事、
　上卿前駈爲氏人之時、昇御棚事、　弁(飛鳥井雅永)与近衞使座次相論事、

仙洞猿樂

　仙洞(後小松上皇)猿樂事、
　　大弁着青朽葉指貫、

(45オ)

三日　頭中將進明日祈年祭散狀於院事、
　祈年祭事、
四日　院猿樂廻文到來事、
五日　仙洞猿樂事、
六日　同事、自內裏(稱光天皇)被獻之、
　園韓神祭停止事、

後小松上皇煩フ

七日　院御風氣事、
八日　依御風氣事參入院事、

御祈事廣橋入道（兼宣、法名常寂）相觸諸寺社事、

大原野祭事、

尺奠事延引事、

分配公卿爲藤氏、祭不可有廟拜之間、延引事、

九日　上皇御風氣事、

依同御祈禱人ゝ參詣七佛藥師事、

非奉幣使、爲御代官參詣神社・佛寺之例、

十日　御惱御減氣事、

光基〔覺ヒ〕僧正御加持事、

人ゝ下着小袖事、

（45ウ）

十五日　御修法道場洗桶杉〔杓ヒう〕、被催內藏寮年預事、

十六日　時治正下五位宣下事、

上卿与大內記（五條爲清）礼節相論事、

禁中五壇法始行事、

被行泰山府君御祭事、

十八日　尺奠事、
典侍・內侍額事、典侍ハ平《ヒラ》額ト云、內侍ハ居《スエ》額ト云、
廿三日　內裏五壇法幷中〔日㋪㋒〕結願事、
先例事、
近衛司帯劍否事、　公卿着座近例事、
祿事、
廿四日　具衞府長二人事、
廿五日　被立內裏北面兩織戸事、
廿六日　院殿上札事、
稱光天皇煩フ
廿八日　主上御惱事、

三月

三月

三日　御燈御禊停止事、御不豫(稱光天皇)後未供御湯也、
御贖物用途下行事、
鬪鶏事、

五日　左頭中將（油小路隆夏）示合除目間事、

御惱間事、

可有奉幣事、

御遙拜伯（資忠王）二位可奉仕事、

（46オ）

六日　月蝕御祈奉行事、

六社奉幣先例事、

除目執筆事御問答右大將（久我清通）事、

同所役殿上人事、

七日　六社奉幣稲荷使間事雅兼（白川）朝臣示合事、

貴布祢使可爲殿上人事、

九日　六社奉幣事、御不与〔豫〕御祈也、

稱光天皇煩フニ依リ六社奉幣アリ

依內記輕服、文章博士草進宣命事、

先例事、　近衞司爲使例事、

十二日　參院（後小松上皇）事、

祈年穀奉幣事、

上卿兼賀茂使事、
源氏公卿勤他姓〔社㋪㋒〕、藤氏公卿爲八幡使事、

十三日　左頭中將談除目事、
縣召除目非春季被行之例事、
降立榻故實事、

十四日　縣召除目非春季被行之例事、

十五日　左頭中將示合除目間事、

(46ウ)

十六日　參院事、
除目間事、

十七日　興胤僧正轉正宣下事、消息、
國忌(桓武天皇、延暦二十五年三月十七日崩)廢務日同宣下、如何事、

廿日　被催除目參事、消息、

廿一日　室町殿(足利義持)仁王經法結願可參之由、被催事、消息、
北野一切經會事、

廿二日　東寺一(義昭)長者宣下〔還補〕并法務宣下事、

參向平野祭之弁可着白重哉否事、

廿三日　室町殿仁王經法結願事、參仕、

縣召除目依御惱延引事、消息、

廿四日　除目延引間事、

廿五日　同事、

廿七日　賀茂祭女使出車被催事、消息、

廿九日　右大將息小童（久我）通行侍從宣下事、口宣、

平野祭可爲弁（甘露寺忠長）行事由、被仰下之由、頭中將示送事、

信州善光寺炎上事、

信濃善光寺火ク

四月

四月

日蝕

（47オ）

一日　日蝕御祈事、

平座依蝕延引事、

二日　平野祭事、弁（甘露寺忠長）行事〻、

依御（稱光天皇）不豫不被立殿上使事、

平座事、

奉行職事着白重事、

稱光天皇煩フニ依リ後小松上皇ニ於テ七佛藥師法ヲ修ス

三日　於仙洞(後小松上皇)被始行七佛藥師法事、

六日　御燈御贖物料下行事、幷賀茂祭使饗料事、

七日　參院事、

被催等持寺御八講參仕事、入道一品(廣橋兼宣、法名常寂)、

被催院大法結願參仕事、消息、

仁和寺(承道法親王)新宮敍品宣下事、

九日　院七佛藥師法結願事、日中儀、

親王礼可參大臣事、法親王可相准事、

廿四日　平野臨時祭延引間事、

使闕如之時近衛司何事有哉事、

等持寺御八講

廿五日　ホ持寺御八講初日、依遠忌(應永二十八年四月二十四日父滿親薨)不參事、

廿六日　平野祭御贖物自內藏寮下行事、

平野臨時祭事、

廿七日　等持寺御八講第三日事、
(47ウ)
廿八日　同第四日事、
廿九日　同結願日事、

五月

五月

等持寺御八講

二日　ホ持寺御八講初日事、
八幡(芳清)別當宣下事、消息、口宣、
三日　御八講第二日事、
四日　同第三日事、
五日　同第四日事、
六日　同結願事、
十二日　內侍所臨時御神樂事、散狀、
十四日　日野[新](ヒ)中納言盛光(日野西)卿輕服除服間事、宣下、
十八日　御院(後小松上皇)參事、

崇賢門院崩ズ

廿日　崇賢門院(廣橋仲子)崩御事、

廿二日　左頭中將（油小路隆夏）示合止雨奉幣申沙汰間事、消息、
廿四日　止雨奉幣事、
廿五日　崇賢門院御葬事、
　　　　爲光（藤原）公事名訓事、
廿六日　左頭中將示合六月會探題宣下事、口宣、
廿七日　院御連哥不被憚崇賢門院御事、七个日之間事、
（48オ）
廿八日　六月會講師宣下事、口宣、
卅日　宮内少輔源持兼・遠江守藤原知家宣下事、消息、口宣、

六月

六月

一日　六月會行幸弁〔事ヒう〕參向事、
九日　中山内大臣（藤原忠親）殿吉田社朔幣事、
　　　加賀守護富樫（滿春）入道死去事、

富樫滿春卒ス

　　　神今食參向神事、
十一日　神今食事、參向事、

石清水八幡宮竝ニ賀茂社行幸ノ沙汰アリ

十二日　內藏寮役祇園臨時祭御贖物代下行事、
仙洞(後小松上皇)御樂事、
兩社(石清水八幡宮・賀茂社)行幸(稱光天皇)間事、
忠長(甘露寺)可被補夕郎由、有仰事、
十四日　祇園御靈會風流ホ參禁裏・仙洞事、
十五日　兩社行幸傳奏可爲勸修寺前中納言(經興)事、
十七日　持來兩社行幸廻文事、內藏寮年預方事也、
十八日　兩社行幸間事、
廿日　兩社行幸內藏寮役事相尋事、
敎豐(山科)卿任參議、資宗(日野西)任右少弁宣下事、口宣、
忠長補五位藏人事、消息、」
(48ウ)
明年延曆寺兩法花會講師宣下事、口宣、
廿一日　兩社行幸間事、
廿三日　同事、內藏寮役事、
廿四日　同事、

廿五日　同事、片舞笛事、

廿七日　前藤宰相永藤（高倉）卿依山訴配流事、御院（足利義持）參・〻內事、

高倉永藤山訴ニ依リ配流サル

廿八日　永宣（高倉）朝臣示合消息表書事、消息、

七月

七月

一日　內藏寮役御所洗桶杉〔杓ヒう〕下知事、

二日　廣橋一位（兼宣、法名常寂）入道所勞事、

四日　前宰相隆盛（四條）不蒙本座以前着當職人上事、

上皇（後小松上皇）御服如主上（稱光天皇）事、

後小松上皇御服主上ノ如シ

五日　左頭中將（油小路隆夏）示合名國司宣下事、

隆盛卿本座宣旨事、消息、

七日　獻草花一瓶於院事、消息、

院御樂事、

同乞巧奠事、

八日　草花御賞翫事、

十日　兩社（石清水八幡宮・賀茂社）行幸間事、

（49オ）
十一日　仙洞草花御賞翫事、

十七日　春日社造營假殿遷宮日時定事、

十八日　兩社行幸間事、被仰供奉人幷日次事、

十九日　同事、

放生會公卿以下御沙汰事、

足利義持北野社ニ參籠ス

廿二日　室町殿（足利義持）御參籠北野、有法樂舞事、

春日社假殿遷宮事、

廿三日　兩社行幸間事、

消息書樣ホ事、

廿四日　葉室中納言（宗豐）如傳奏書奉書事、

傳奏ホ奉書〻樣事、

廿五日　先人所令書口宣案事万里小路大納言（時房）問之事、

廿六日　室町殿自北野令出給事、

卽御參內事、

神宮行事上卿不可參他社歟事、

廿八日　兩社行幸間事、

廿九日　天台三會講師宣下、宣旨、

八月

一日　尺奠延引事、

（49ウ）

二日　兩社（石清水八幡宮・賀茂社）行幸（稱光天皇）間事、

三日　內藏寮役北野臨時祭御贖物用途下行事、

兩社行幸間事、

室町殿（足利義持）御院參事、

五日　伯二位（資忠王）示合兩社行幸雅兼（白川）朝臣父子出立事、

持康（木造）朝臣來示同事、

六日　花山納言（花山院持忠）被示合鴨社假殿遷宮日時定間事、消息、

九日　鴨社假殿遷宮日時定事、

十日　仙洞（後小松上皇）猿樂事、

八月

仙洞猿樂

十一日　教豊(山科)卿問行幸供奉手綱間事、
尺尊〔奠う〕事、見物、

正親町三條公雅薨ズ

十二日　三条大納言公雅(正親町三條)卿薨事、

十九日〔三ヒう〕　實雅(正親町三條、應永三十二年四月一日勅勘)朝臣恩免事、

官廳囘錄

十四日　官廳囘祿事、

十五日　放生會事、　仙洞御連哥事、

十六日　駒牽事、雨儀事、

十七日　兩社行幸間事、

十九日　同事、

廿一日　信俊(綾小路)卿任中納言、可奉仕行幸片舞拍子事、

足利義持石清水八幡宮ニ參籠ス

室町殿御參籠八幡、御法樂有舞樂事、

(50オ)

廿四日　八幡山鳴動事、

廿六日　室町殿自八幡御出、立〔直ヒう〕入御北野公文(松梅院禪能)坊事、
兩社行幸間事、

廿八日　室町殿自北野還御事、

院御樂事、

九月

九月

一日　室町殿（足利義持）御院（後小松上皇）參事、

院御燈御禊停止事、

二日　奉花頂（定助）弁花山院（持忠）書札〔礼ⓒ〕事、

三日　兩社（石清水八幡宮・賀茂社）行幸（稱光天皇）間事、

御燈御禊事、

右中將基世（園）朝臣遲參事、

四日　兩社行幸間事、

五日　同事、

藏人五位事、

六日　同事、

七日　自內裏被申談忍菴主服間參入事、

西園寺中納言（公名）新妻被成尼事、

廣橋兼宣兼郷父子罪科沙汰アリ
八日　廣橋入道父子（兼宣・兼郷）罪科沙汰事、
（50ウ）
九日　重陽平座事、
足利義持北野社ニ參籠ス
十日　室町殿北野御參籠事、
十一日　同御法樂舞樂事、
十二日　被仰下兩社行幸行事〻、
同御點事、
十三日　兩社行幸間事、
十四日　同間事、
十五日　月蝕御祈間事、
攝家息僧中書礼事、
廣橋家領羽田莊ヲ光範門院領ト爲ス
廣橋家領羽田庄（近江國蒲生郡）可被成光範門院（日野西資子）領之由、有勅定事、
兩社行幸間事、
月蝕
月蝕事、消息、
十六日　山科宰相（教豊）問行幸間不審事、幷拜賀間事、（本年六月二十日任參議）
左頭中將（油小路隆夏）示合兩社行幸間事、消息、

室町殿自北野御出事、
十七日　兩社行幸由奉幣間事、消息、
十八日　兩社行幸間事、消息、
十九日　同事、次將可曳丸緒哉否事、消息、
廿日　同事、消息、
廿二日　同事、消息、
赤松義則卒ス
(51オ)
廿三日　赤松入道（義則、法名性松）死去事、
廿四日　兩社行幸間事、
廿五日　同事、
山科宰相示合拜賀間事、
廿六日　行幸間事、
廿七日　同事、
廿九日　山科宰相拜賀間事、
爲兩社行幸、日時定・行事所始神事〻、

十月

石清水八幡宮竝ニ賀茂社行幸行事所始

一日　左頭中將（油小路隆夏）示合藏人弁忠長（甘露寺）禁色宣下事、幷新宰相（山科教豐、本年六月二十日任參議）拜賀申次可与奪事、口宣、消息、

兩社（石清水八幡宮・賀茂社）行幸（稱光天皇）行事所始參向事、幷神事〻、　日時定事、

二日　山科宰相（教豐）問雨皮持〻樣幷雜色取松明可立何方哉事、

三日　山科宰相問条〻事、雨皮持事、拜賀雨儀事、

室町殿（足利義持）御院（後小松上皇）參事、

下﨟候陪膳、上﨟爲役送事、

大納言以下勤法親王達陪膳事、　御棧敷御幸公卿裝束事、

行幸奉幣定

四日　兩社行幸奉幣定事、幷諸社・諸寺御讀經定事、

殿下・弁・殿上人裝束事、

八日　兩社行幸間事、

（51ウ）

十日　同事、

行事宣旨到來事、

實雅朝臣（正親町三條）還任中將宣下事、口宣、

同人除服(本年八月十二日父正親町三條公雅薨)宣下事、口宣、

十三日　兩社行幸御祈奉幣事、傳奏、

近衛少將・衞府佐ホ宣下事、消息、口宣、

行幸舞人定事、

十六日　八幡行幸點地事、

兩社行幸御祈諸寺・諸社御讀經事、

十七日　八幡行幸巡檢事、

北野一万ア經事、

赤松滿祐自燒シ京ヲ去ル

廿七日　赤松左京大夫(滿祐)自燒沒落事、

行幸延引サル

卅日　兩社行幸延引由、被觸事、消息、

赤松騷動事、

十一月

十一月

一日　御(足利義持)院(後小松上皇)參事、

四日　同事、

赤松持貞騒動ス

十一日　赤松越後守(持貞)騒動事、

十二日　平野祭事、

春日祭延引事、

赤松越後事、

(52オ)

稱光天皇煩フ

十三日　主上(稱光天皇)御惱事、

足利義持赤松持貞ヲ自害セシム

越後守自害事、

一色義貫義持ヨリ旗ヲ賜ハル

十四日　一色修理大夫(義貫)賜御旗事、(世尊寺)行豊朝臣書銘事、

世尊寺行豊銘ヲ書ス

十五日　依御惱事參內事、

十六日　大原野祭事延引次支干事、依上卿申請也、

稱光天皇煩フニ依リ七佛藥師參詣アリ

十七日　登比叡山事、

爲御惱御祈、近習輩參詣七佛藥師事、

園韓神祭依社壇顛倒停止事、

叔父土岐滿貞男沒ス

十八日　外叔父(土岐滿貞男)死去、爲輕服事、

依輕服鎭魂祭不可參向之由、示送頭中將許事、

依同事辭申兩社行幸行事〻、消息、

稱光天皇煩フニ依リ後小松上皇ニ於テ七佛藥師法アリ內裏七佛藥師法アリ

春日社遷宮

赤松滿祐赦免サル

鎭魂祭事、爲弁行事歟事、

禁中七佛藥師法道場掃除料、內藏寮役桶杓被催事、

新嘗祭事、

廿日　右大弁宣光(廣橋)、觸ホ持寺御八講參事〻、

廿一日　仙洞藥師法依主上御祈自內可被渡御衣事、

禁中七佛藥師法始行事、

廿二日　左頭中將(油小路隆夏)送除服御教書事、

廿四日　春日祭事、於假殿有其儀事、

明日可有正遷宮事、

內侍乘輿參向事、社頭猶依無車乍乘輿參入事、

(52ウ)

吉田祭事、

廿五日　春日社遷宮事、

廿六日　相代雅永(飛鳥井)朝臣番參〔候〕御院事、

赤松左京大夫(滿祐)恩免事、

廿七日　內裏七佛藥師法結願事、後夜結願也、　院御修法同結願事、

依無藏人、藏人頭・五位藏人ホ爲御衣使例、

非職殿上人爲御衣使例、

廿八日　龍花院(定助)僧正書狀事、

十二月

等持寺御八講

十二月

二日　等持寺御八講初日事、

三日　同第二日事、

四日　同第三日事、

政光(裏松)車覆雨皮乘用事、父(裏松義資)同乘之覆也、子獨乘之時不撤爲失事、

五日　同第四日事、

六日　同結願日事、

七日　前官人出仕哉否事、御八講事、

十日　引平胡簶・表帶說事、

(53オ)

十一日　月次・神今食事、

十二日　左頭中將(油小路隆夏)被示合年始公事支配間事、

敍位執筆且伺定由被談事、

興胤僧正於內裏御修法、殿上人可（脱アルカ）脂燭之由、有沙汰事、

十三日　當家流不下表袴腰末事、

袖衣文依官高下事、　袍下同依官高下事、

非常時主上（稱光天皇）御引直衣事、

十五日　室町殿（足利義持）御院參事、

十七日　依番參院（後小松上皇）事、

赤松滿祐上洛ス

赤松前左京大夫（滿祐）上落〔洛〕事、室町殿御對面事、人〻賀送事、

十八日　御所・院桶杓下行事、

御髮上火鉢遣衞士方事、

內侍所御神樂事、

武家輩任官サル

十九日　武家軍〔輩㋪㋒〕任官宣下事、消息、左頭中將、

廿日　同事、同、

送使者於赤松左京大夫許事、

廿一日　室町殿御院參事、

廿三日　三条前右府（公光）息（實量カ）元服事、
延文五年（正月六日）被停止敍位之子細、被尋外記事、消息、
藏人相兼文武官間事、

强盗今出川土倉ニ入ル（53ウ）

廿四日　室町殿爲歳末御礼御參內事、　强盗入今出河土倉事、

廿五日　室町殿御院參事、
十八十度御酒事、

稱光天皇煩フニ依リ二社奉幣アリ

廿六日　依御不豫御祈、被發遣石清水・賀茂兩社奉幣使事、有儀、

廿七日　諸家・諸門參賀室町殿事、
院貢馬御覧事、執權不參例、

廿八日　左頭中將示合關白（二條持基）息（二條持通）敍品宣下可申沙汰間事〻、消息案、

廿九日　內藏寮役節折用途下行事、
關白息元服事、
同人（正五位下）敍位并禁色宣下事、

卅日　關白相具息大夫、參院幷室町殿給事、
追儺事、參議行事、

大祓付諸司被行事、

于時参議(中山定親)正三位行左近衛權中將春秋廿八、

正長元年

正長元年也、
同卅五年(應永)戊申、

正月

正月大

稱光天皇煩フニ依リ四方拜等停止ス

一日　四方拜依御惱(稱光天皇)停止事、
院(後小松上皇)四方拜無故停止事、

北野社ニ詣ヅ

參詣北野事、
依當番參院事、
室町殿(足利義持)御參內・院參事、
內々御强供御儀事、○四卷四頁參照、

(54オ)

御藥事、院、
右大將(久我)淸通、着衣冠參陪膳事、
院・女院(光範門院、日野西資子)拜礼事、不參、
內御藥依御惱雖無出御猶被行其儀事、

節會事、無出御、
內弁實秀（正親町）卿、不觸外弁先起座事、
宣命使秀光（日野）朝臣、失礼事、離版左廻事、

二日　依御不豫殿上淵醉停止事、先例不參〔審カ〕事、
院御藥事、參仕事、　○四卷四頁參照、
役送殿上人不帶劔事、　永豐（高倉）朝臣明日可帶劔哉否、父卿（高倉永藤）問事、

三日　院御藥事、
役送殿上人〻同帶劔事、

四日　參室町殿事、
參院事、

五日　參右相府（一條兼良）第事、
敍位議依御不豫停止事、（正月六日）延文五年停止事、　○四卷五頁參照、
白馬節會御教書到來事、請文案、

(54ウ)
七日　參內事、先參院、　有御連哥事、
節會事、參陣、　○四卷五頁參照、

勤御酒勅使事、○四巻六頁參照、

八日　關白(二條持基)直衣始事、

後七日(定意)・大元阿闍梨事、

十日　參花頂(定助)雜談事、○四巻七頁參照、

無骨在所腫物令見醫師樣事、

大炊御門家內弁練樣ホ事、○四巻七頁參照、

德大寺家受大炊御門說事、○四巻七頁參照、

綾小路家稱某ノ公事、○四巻七頁參照、

賢人右府(藤原實資)事、○四巻七頁參照、

公任(藤原)卿事、○四巻八頁參照、

俊成(藤原)卿事、○四巻八頁參照、

十四日　仙洞三毬打事、

十六日　參內事、

關白(二條持通)息侍從宣下事、

節會事、參陣、○四巻八頁參照、

勤御酒勅使事、○四巻八頁参照、
近衛司扶持召内侍、不審事、○四巻八頁参照、

足利義持病篤シ

十七日　室町殿御労危急事、馳参事、
大名ホ評定事、

(55オ)

義持薨ズ
青蓮院義圓相續人ト定メラル

十八日　室町殿薨給事、参青蓮院(義圓、ノチノ足利義教)弔申事、
青蓮院准后被定相續人躰事、
参院申禪門(義持、法名道詮)御事、御酒盃如例、如何事、

義圓裏松義資第ニ入ル

十九日　奉迎青蓮院准后於日野中納言(裏松義資)第事、
前藤宰相永藤(高倉、法名常充)卿出家事、

廿日　参院、申可遇入道内相府(義持)葬送之暇事、

後小松上皇箏祕説ヲ正親町實秀ニ傳授ス

上皇以箏祕説傳給權大納言實秀卿事、

廿一日　將軍家儀一事不可相違故入道殿(義持)時儀之由、大名ホ評定事、
彼葬礼日人ゝ装束間事、
可用布下袴事、

廿二日　明日御葬礼、浄衣袖結霑事、

故入道殿贈官沙汰事、○四巻九頁参照、
聖廟(菅原道眞、正暦四年閏十月二十日贈太政大臣)已後贈太政大臣例事、

義持太政大臣ヲ追贈サル

故入道内大臣殿贈太政大臣事、於陣宣下、
同後室(裏松榮子)加階一品宣下事、
權大納言實秀卿敍從一位事、口宣書樣事、
公卿加級宣下口宣書樣事、

廿五日〔三ヒう〕　一位實秀卿(法名祐實)出家事、

義持葬禮

贈太政大臣殿葬礼事、參入事、
武家(義圓)御衣躰・御名字ホ事、
今度觸穢間事、
諸社祭依穢延引間事、

(55ウ)

廿四日　勝定院(義持)入道殿起骨佛事事、
前内府(洞院滿季)御箏修理沙汰事、

奏事目録舊草ヲ注遣ス

卅日　依隆夏(油小路)朝臣命注遣奏事目六舊草事、

二月

一日　龍花院(定助)僧正當代(義圓、ノチノ足利義教)又如元可爲護持僧事、
青蓮院法流傳授竹內(良什)僧正事、

四日　御修法掃除料內藏寮桶杓下知事、

五日　勝定院殿(足利義持)御佛事花山院中納言(持忠)可進御經間事、
禁裏(稱光天皇)御修法事、
阿闍梨興胤僧正參道場之時、殿上人取脂燭例、
祈年祭依穢延引事、

六條道場火ク

六日　六条道場炎上事、

七日　春日祭依穢被停止事、
雖非申日可被遂行歟事、

足利義持五七日佛事

十日　勝定院殿五七日御佛事事、參入事、

(56オ)

十一日　左頭中將(油小路隆夏)示合阿闍梨解文幷雜人宣下事、口宣、
勸修寺(う)[前]中納言(經興)如勝定院殿御時可爲傳奏之由、自武家(義圓)被仰事、

十二日　勝定院殿四十九日經供養可參事、

十三日　勝定院御佛・御經幷被物代送進ホ持院事、

十七日　向万里小路大納言(時房)許示合勝定院四十九日可修諷誦間事〻、

又諷誦事申合花頂僧正(定助)事、[諷誦案、]

十八日　武家可令着重服哉否沙汰事、

義持七七日佛事

十九日　勝定院殿四十九日御佛事〻、

於御經供養席、修諷誦事、

阿闍梨解文宣下事、左頭中將示合了、口宣、消息、

廿一日　自武家以日野中納言(裏松義資)被畏申度〻勅定事、

廿二日　朔日節日可參賀之由、以日野中納言所望事、

廿四日　穢氣已後初出仕事、

廿六日　參院(後小松上皇)事、

大原野祭事、

廿七日　依番參院事、

三月

一日　朔日節日武家（義圓、ノチノ足利義教）參賀事可爲如元之由、日野中納言（裏松義資）示送之事、
院（後小松上皇）御燈御禊事、

瑞夢

二日　瑞夢事、

（56ウ）

三日　參武家事、
院御會事、
一位大納言入道（正親町實秀、本年正月二十三日出家）祐定［實］、出家後初參院事、
尹賢朝臣（月輪）弁持和（冷泉）自院御免出仕事、

五日　三寶院（滿濟）僧正於室町殿被修佛眼法事、（義圓）當代御祈始也、

義圓ノ名字ヲ義宣ト定ム

八日　武家（義宣）御名字治定事、
北野一切經會爲職事可相催由、被仰事、

九日　爲公家（稱光天皇）御祈被行十壇炎魔天供事、〇四卷十頁參照、
阿闍梨事、〇四卷十頁參照、　御教書〻樣事、〇四卷十頁參照、

十日　參院事、有一獻、

十二日　小除目事、參陣事、〇四卷十三頁參照、

足利義宣還俗ス

　武家還俗事、〇四卷十三頁參照、

義宣任左馬頭敍從五位上

　　同任官・敍爵事、〇四卷十三頁參照、

（壬生）彥枝宿祢還任左大史出仕事、（大宮）爲緒宿祢着其下事、左大史、官務、口宣案、消息、

參賀左馬頭（義宣）殿事、

十四日　勸修寺前中納言經興卿還任事、（應永三十一年六月七日辭權中納言）口宣案、

　諸家群參典厩賀申一昨日儀事、

十五日　（飛鳥井）雅永朝臣示合青蓮院入室扈從車事ゝゝ、

義宣ト同字ノ輩名ヲ改ム

十六日　左馬頭殿御名字付同字輩改名事、

廿日　左馬頭殿、自日野中納言第令渡富樫（持春）宿所給事、依御方違也、

二條持基男青蓮院ニ入室ス

（57オ）

　（二條持基）關白若公（尊王、ノチノ義快）入室青蓮院事、

　（油小路隆夏）左頭中將示合八幡檢校宣下間事、消息、口宣、

　今日國忌（仁明天皇、嘉祥三年三月二十一日崩）廢幣〔務〕也、宣下如何事、

廿一日　依御移徙參賀室町殿事、姉小路北、

　前院主典代（安倍）資行被召出事、

被改易諸社〻務・諸寺〻務事、
東大寺別當(房惠)宣下事、口宣、
廿二日　依御移徙事諸家群參賀申事、
向管領(畠山滿家)宿所事、
廿三日　室町殿被召昵近人〻、賜御盃、賜御太刀事、

日野西資國薨ズ

廿五日　入道大納言資國(日野西、法名恒祐)卿薨事、○四卷十五頁參照、
同人准大臣宣下事、○四卷十五頁參照、
廿七日　美乃守以盛(薄)補學勸[館]院別當事、口宣、
室町殿大法結願可參之由、被催事、奉行勸修寺中納言、
依主上御輕服、祈年穀奉幣延引事、
禁裏御修[法](ヒ)事、宗觀僧正、
廿九日　室町殿不動法日中結願事、參入事、
卅日　小除目事、

閏三月

裏松宗子足利義宣室ト定メラル

(57ウ)

六日　日野中納言(裏松義資)妹(裏松宗子)被定左馬頭殿(足利義宣)室家事、

九日　賀茂祭典侍(中山僚子、定親妹)可〔立ヒ〕沙汰置之由、被仰下事、

十四日　同事重被仰下、猶辭申事、

十五日　內侍所臨時御神樂事、

改元文書

十八日　藏人右中弁忠長(甘露寺)借受改元文書事、勘者事、

万里小路中納言入道(豊房、法名妙房)被召出、參院(後小松上皇)事、

淳和院奬學院別當宣下

廿日　淳和院・奬學院別當宣下事、右大將淸通(久我)卿也、口宣案、

代始改元勘者不被憚輕服之例事、

大臣上卿時、申行條事定間事、

廿一日　院御樂事、

足利義持百日佛事

廿七日　勝定院殿(足利義持)百个日御法事〻、參ホ持院事、

於ホ持寺被行曼荼羅供事、滿濟僧正、

御經供養事、　人〻修諷誦事、

於仙洞被行法事講〔讃カ〕事、勝定院殿御佛事也、

改元年号勘者宣下事、口宣、

四月

一日　參室町殿(足利義宣)事、
賀茂祭典侍(中山傣子、定親妹)神事始事、
平座事、
(58オ)
平野祭延引事、
松尾祭事、
三日　梅宮祭延引事、

足利義宣乘馬始

十一日　左馬頭(義宣)殿御乘馬始事、

御判始

御判始事、

評定始

評定始事、
人〻參賀事、
十三日　自賀茂持來葵事、

義宣從四位下ニ敍サル

十四日　左馬頭殿御四品宣下事、
人〻參賀事、

義宣射始

同射始事、人〻進太刀、

日吉祭事、

十五日　賀茂祭事、

典侍出立事、依三日病不記之、

大中臣通直薨ズ

十九日　祭主(大中臣)通直卿死去事、

義承天台座主宣下

廿日　天台座主宣下事、義承、

滿濟准后宣下

准后宣下事、滿濟、

廿一日　改元定可參陣之由、被催事、○四巻十六頁參照、

廿四日　改元間事、

徳大寺實盛薨ズ

徳大寺大納言實盛卿薨事、

中原師豐卒ス

(中原)師豐入道死去事、

(58ウ)

廿五日　改元間事、

廿六日　左頭中將(油小路隆夏)示合洞院中納言(實煕、本年三月三十日任權中納言)拜賀申次間事、消息、○四巻十七頁參照、

洞院中納言消息不審事、○四巻十七頁參照、

改元間事、

改元
正長ト改ム

仙洞（後小松上皇）妙音講沙汰事、

廿七日　局務事被仰師（中原）世朝臣事、消息、

改元仗議不可參由、被仰事、〇四卷十九頁參照、

改元定事、見物、　以應永卅五年爲正長元年、　〇四卷十九頁參照、

勸修寺中納言（經興、本年三月三十日任權中納言）着陣、

洞院中納言實熈、拜賀事、

於光範門院（日野西資子）二拜事、

大外記業忠（淸原、本年四月日任大外記）中慶事、

廿八日　右少弁資宗（日野西）聽禁色、

廿九日　來月ホ持寺御八講可參由、右大弁親光（廣橋）催事、

自今年被略四月御八講事、

參入公卿人數被減事、

花山院大納言（持忠、本年三月三十日任權大納言）拜賀事、

光範門院依御重喪（本年三月二十五日父日野西資國薨）無拜事、

重喪所不拜事、

被結改番之後初参院事、
入道一位資教卿（日野、法名性光）准大臣、薨事、

日野資教薨ズ

（59オ）

五月

五月

一日　入道一位資教卿（日野、法名性光）薨〔葬う〕事、

等持寺御八講

日野資教跡孫日野資親ニ譲ラル

二日　等持寺御八講初日事、
日野入道一品跡譲嫡孫資親（日野）事、
向一位入道（日野有光、法名祐光）宿所弔父（資教）喪事、
参院（後小松上皇）申入一品禅門事、

五日　朔日不参、仍不参室町殿（足利義宣）事、
参ホ持寺八講事、第四日、

六日　御八講結願事、参入、
房恵僧正東大寺別當、超上臈数輩任僧正事、
御諷誦為御自修事、

禁裏普賢延命法

八日　禁裏（稱光天皇）普賢延命法始行事、妙法院宮（堯仁法親王）、

中原師勝外記町ニ就キ示ス

九日　政助僧都來、示普賢延命法小壇阿闍梨勤之由事、
前大外記師勝朝臣（中原）父中陰（中原師豊、本年四月二十四日卒）中、來門外、示外記町事、
十日　來十九日室町殿大法結願可參之由、勸修寺中納言（經興）狀到來事、消息、
十一日　禁中普賢延命法結願可參之由、御教書到來事、消息、
十二日　室町殿尊星王法始行事、聖護院（道意）、
泰山府君御祭事、
十三日　院御連哥事、
（59ウ）
万里小路中納言入道豊房卿（法名妙房）、被召出參入事、
十四日　以消息付女房申師勝申間事於院事、
十五日　禁裏大法普賢延命、結願事、參仕事、
殿上人帶劔間事、

稱光天皇病篤シ

十七日　主上御惱御大事事、
十八日　左頭中將（油小路隆夏）示合穀倉院別當宣下事、消息、口宣案、
十九日　室町殿尊星王法結願日事、
殿上人帶劔哉否事、

左頭中將示合禁裏御祈泰山府君御祭間事、室町殿申御沙汰也、消息、

廿日　同間事、

御都狀以下御諱事、

廿一日　內裏御修法阿闍梨事、

梅宮祭奉行職事〻、

廿二日　泰山府君御祭都狀爲淸（五條）失籍〔錯〕事、

同御都狀淸書哉否事、

今夜被行泰山府君御祭事、

廿五日　平野祭延引被宣下例事、

鷹司冬家薨ズ

廿六日　入道右大臣冬家（鷹司、法名冬雲）公、薨事、

（60オ）

廿八日　平野祭事、弁不參事、

六月

六月

一日　參室町殿（足利義宣）事、

興胤寂ス

勸修寺興胤僧正入滅事、

四日　（後小松上皇）仙洞千句御連哥事、
七日　祇園御輿迎風流參內（稱光天皇）・院事、
十一日　宮〻參仙洞給事、
神宮上卿名家ノ例
十二日　神宮行事上卿幷弁有禁忌ホ事、
同上卿名家例、以藤大納言（武者小路）隆光、爲始事、
十三日　〔室町殿五壇法事、
十四日　祇園御靈會風流參內・院事、
正定庵逝去事、
丹波定康卒ス
十七日　丹波定康入道死去事、
十九日　（四辻）季保卿着直垂昇殿、不可然事、
徳大寺公俊薨ズ
徳大寺入道相國（公俊、法名常俊）薨事、
廿一日　（油小路隆夏）左頭中將示合住吉權神主宣下間事、
〔室町殿五壇法日中結願事、
左少弁資親（日野）除服祖父（日野資教、本年四月二十九日薨）、宣下事、口宣、
日野新中納言盛光卿（日野西）除服父（日野西資國、本年三月二十五日薨）、幷復任宣下事、消息、口宣、

室町殿御嫁娶(裏松宗子)儀事、

足利義宣裏松宗子ト婚ス

(60ウ)

廿四日　室町殿御室家露顯事、参賀事、

廿五日　室町殿御受衣事、依法券〔眷〕参申事、

祈年穀奉幣發遣事、

廿六日　左中將雅兼(源)朝臣和哥會事、

廿七日　吉田祭事、

禁中御修法事、佛眼、

廿九日　大祓事、参向儀、

七月

七月

一日　参室町殿(足利義宣)事、○四巻三十一頁参照、

稱光天皇煩フ五部大乘經頓寫

八日　爲御(稱光天皇)不豫御祈被頓寫五部大乘經事、○四巻三十二頁参照、

小倉宮没落ス

小倉宮(聖承)没落事、○四巻三十二頁参照、

今出川實富薨ズ

今出川前大納言實富卿薨事、○四巻三十二頁参照、

九日　内裏艮角社木折事、○四巻三十二頁参照、

十日　小倉宮逐電爲實事〻、○四卷三十二頁參照、

十一日　御惱御增氣事、○四卷三十二頁參照、

十二日　臨時兩社(石清水八幡宮・賀茂社)神寶發遣例、被問兩局(中原師世・壬生彥枝)事、消息、○四卷三十三頁參照、

十三日　自武家被奉迎取伏見宮(貞成親王)御子(彥仁王)宮事、入御若王子(忠意)事、○四卷三十四頁參照、

十四日　臨時兩社神寶其例不詳事、重仰兩局事、消息、○四卷三十四頁參照、

稱光天皇病危急ナリ
貞成親王皇子彥仁王後小松上皇ニ參入ス

(61オ)

十七日　御惱危急事、○四卷三十七頁參照、

伏見入道親王御子宮自東山令渡仙洞(後小松上皇)給、有御對面、爲御猶子儀事、○四卷三十七頁參照、

室町殿猿樂事、○四卷三十八頁參照、

就內御惱踐祚間事自武家被申合關白(二條持基)事、○四卷三十九頁參照、

凶事之時、卷纓哉否事幷付物忌間事、○四卷三十九頁參照、

十八日　左頭中將(油小路隆夏)示合兩社奉幣幷神寶奉納間事、消息、○四卷三十九頁參照、

勸修寺中納言經成(モト經興)卿改名事、○四卷四十二頁參照、

御惱難治之由、有風聞事、○四卷四十二頁參照、

十九日　御惱危急事、參入事、○四卷四十三頁參照、

新主踐祚沙汰事、万里小路大納言(時房)申沙汰事、○四卷四十三頁參照、

舊主御後事沙汰事右大弁(廣橋)親光朝臣辭申奉行事、○四巻四十三頁參照、
院御不与御祈大法自室町殿被申行事、○四巻四十三頁參照、
禁中警衞間事、○四巻四十四頁參照、

稱光天皇崩ズ

廿日　主上崩御事、○四巻四十四頁參照、
參〔候〕御輩守護夜御殿事、○四巻四十四頁參照、
人々纓事、○四巻四十五頁參照、
劔璽渡御間事、○四巻四十六頁參照、
御北首事、右大弁奉行、○四巻四十七頁參照、

廿一日　先帝御追号勘文書様注遣爲(五條)清朝臣事、○四巻四十七頁參照、

廿二日　先帝追号間事爲清朝臣來示合事、○四巻四十八頁參照、
先帝可奉号稱光院事、○四巻四十八頁參照、

追號稱光院ト定メラル

(61ウ)

參院之時不卷纓事、○四巻四十八頁參照、　劔璽警衞番衆被結番事、○四巻四十八頁參照、
踐祚奉行御教書可用白紙事、○四巻四十八頁參照、
先帝御入棺事、○四巻四十九頁參照、

入棺

御葬送已下条々議定近代無之事、○四巻四十九頁參照、

廿三日　參室町殿、訪申先帝御事〻、〇四巻四十九頁參照、
藏人弁忠長《甘露寺》相觸劔璽渡御供奉事〻、消息、〇四巻四十九頁參照、
御葬送供奉人御點人〻事幷素服人數事、〇四巻五十頁參照、
廿四日　土御門殿御殿下格子、御倚子覆、時簡可入袋事、〇四巻五十一頁參照、
廿五日　參土御門殿事、〇四巻五十一頁參照、
御棺調樣事、〇四巻五十一頁參照、
日野《日野西盛光》新中納言辭申素服人數事、〇四巻五十一頁參照、
勸修寺中納言可奉懸御骨事、非素服人數、如何事、
三条《三條西公保》大納言素服間事、〇四巻五十一頁參照、
〇四巻五十一頁參照、
職事悉可供奉御葬由、有院仰事、〇四巻五十一頁參照、
御佛事施主事、〇四巻五十一頁參照、
踐祚日輕服《經成》參入例事、〇四巻五十二頁參照、
劔璽渡御、次將平胡籙欤、壺欤事、〇四巻五十二頁參照、
廿六日　同日衞府公卿裝束事、〇四巻五十三頁參照、
高倉殿差圖事、〇二十七日條ナラン、四巻五十三頁參照、
廿八日　內侍所渡御供奉次將裝束事、〇四巻五十四頁參照、

傳國宣命書様爲清朝臣示合事、〇四卷五十四頁參照、

後花園天皇踐祚（62オ）

踐祚事、有儀〔議〕、〇四卷五十四頁參照、　人々裝束事、〇四卷五十五頁參照、

踐祚・傳國、無劔璽例ホ事、〇四卷七十三頁參照、

廿九日　參賀左馬頭（義宣）殿事、〇四卷七十八頁參照、

稱光天皇葬禮

先帝御葬礼事、〇四卷七十八頁參照、

於安樂光院有御中陰儀事、〇四卷八十頁參照、

御佛供養事、〇四卷八十頁參照、

卅日　官・藏人方吉書事、〇四卷八十頁參照、

八月

八月

一日　憑儀如例事、

參仙洞（後小松上皇）事、

一獻如例、　內裏女房達參入事、

北野祭停止宣下間事、消息、

三日　明日安樂光院稱光院初七日御經供養可參之由、被催事、

稱光天皇骨ヲ深草ニ渡サル
稱光天皇初七日佛事
稱光天皇二七日佛事

四日　被奉渡稱光院御骨於深草事、
稱光院初七日御佛供養事、參入、○四巻八十二頁參照、
依日次被延引、二七日分一度被行事、○四巻八十二頁參照、
彼御堂〻莊嚴事、
參入人〻裝束事、○四巻八十三頁參照、

遺詔奏

稱光院遺詔奏事、
廢朝事、　警固召仰事、　藏人頭中將奉召仰例事、
固關事、

(62ウ)

釋奠竝ニ駒牽停止サル

釋奠・駒引停止之由、宣下事、
放生會・北野祭延引之由、宣下事、
御錫紵事、

鳳輦竝ニ腰輿ヲ內裏ニ渡サル

五日　鳳輦・腰輿自土御門殿被渡內裏事、○四巻八十五頁參照、
七日〻〻御佛供養着座公卿支配到來事、○四巻八十六頁參照、
六日　依當番參內事、○四巻八十六頁參照、
當代(後花園天皇)未被聽直衣、〔仍ヒ〕御着衣冠事、依警固中卷纓事、○四巻八十六頁參照、

武士ホ警固事、○四巻八十六頁參照、

聖護院(道意)僧正參內事、○四巻八十六頁參照、

踐祚以後即位以前、僧尼不可參內事、○四巻八十六頁參照、

人〻不斷可參入安樂光院之由、被催事、○四巻八十六頁參照、

內裏儀式事、○四巻八十六頁參照、

七日　參安樂光院事、○四巻八十七頁參照、

參入人〻裝束事、○四巻八十七頁參照、

八日　依當番參內事、○四巻八十八頁參照、

解陣、○四巻八十八頁參照、　開關事、○四巻八十八頁參照、

九日　依當番參院事、○四巻八十八頁參照、

稱光院御佛事一品經間事、○四巻八十八頁參照、

稱光天皇三七日佛事

(63オ)

十日　同三七日御佛供養事、○四巻八十九頁參照、

十一日　參安樂光院事、○四巻九十頁參照、

十二日　稱光院御仏事結緣經廻文持來事、○四巻九十頁參照、

七僧法會可參之由、被催事、○四巻九十三頁參照、

七僧法會間事、〇四卷九十三頁參照、
被點定稱光院(深草北陵)御墓所地事、

後小松上皇煩フ　十四日　院御腹令煩御事、〇四卷九十五頁參照、
稱光院御法事間事、〇十五日條ナラン、四卷九十五頁參照、

稱光天皇四七日佛事　十六日　同四七日御佛供養事、〇四卷九十六頁參照、

稱光天皇五七日佛事　十七日　同五七日御法事〻、七僧法會、參入事、〇四卷九十七頁參照、
五七日御佛不被供養事、〇四卷九十七頁參照、

十八日　參院事、〇四卷百二頁參照、
(尊經)常住院僧正奉仕御加持事、〇四卷百二頁參照、

十九日　於院被行金剛童子法事、(滿意)如意寺僧正、〇四卷百二頁參照、

廿日　參安樂光院燒香事、〇四卷百二頁參照、
雲龍院僧ホ行舍利講事、爲(萬里小路時房)万里大納言沙汰事、〇四卷百二頁參照、

稱光天皇六七日佛事　廿二日　參內事、着衣冠事、〇四卷百二頁參照、
稱光院六七日御佛供養事、〇四卷百二頁參照、

稱光天皇七七日佛事　廿三日　同七〻日御法事、〇四卷百三頁參照、

七ヶ日御佛供養事、○四巻百三頁參照、

賜素服輩、今日除服宣下事、○四巻百四頁參照、

被攻伊勢國司左少將滿雅（北畠）事、○四巻百四頁參照、

七瀨御祓事、御祈始也、○四巻百四頁參照、

足利義宣北畠滿雅ヲ攻ム

（63ウ）

廿五日　左中將雅兼（白川）朝臣任神祇伯事、○四巻百五頁參照、

廿八日　前伯正二位資忠（白川、法名乘任）卿出家事、○四巻百五頁參照、

九月

九月

一日　依番參院（後小松上皇）事、

三日　無御燈御禊事、

西京在地人閉籠北野社致嗷訴事、

西京神人北野社ニ閉籠ス

四日　日吉神人蜂起事、

日吉神人蜂起ス

八日　放生會上卿・參議・弁事、

重陽平座參議事、

稱光院御塔中料所院宣、被遣雲龍院住持（聖汎）事、消息、

遷幸當年中可被延引事、
院中被ゝ菊花綿事、
九日　平座事、高倉殿儀、〇四卷百七頁參照、
通用陣座時仰詞事、〇四卷百七頁參照、
十日　稱光院御中陰之間、人ゝ詩哥一卷事、
十一日　例幣事、
(64オ)
十二日　宮ゝ被參院有御會事、
隨心院僧正(祐嚴)被申請永宣旨事、〇四卷百八頁參照、
爲緒宿祢(大宮)可被還補官務之由、自武家(足利義宣)被申事、
十三日　於勸修寺中納言(經成)第衆議判和哥事、
仙洞連歌
十四日　院御連哥事、
十五日　放生會事、
十八日　御靈八所社祭事、依穢延引、
稱光院御月忌事、
足利持氏反逆ノ沙汰アリ
廿一日　關東(足利持氏)反逆沙汰事、

西京神人訴訟落居ス

北野神人訴訟落居退散事、

廿三日　院御樂事、

關東反逆露顯事、

廿五日　同問事、

廿六日　上乘院宮(道朝法親王)御參仙洞事、

廿八日　訪飛鳥井中納言入道(雅縁、法名宋雅)所労事、

近邊地下人徳政ト號シ亂妨ス

廿九日　近邊地下人号徳政乱妨事、

院御連哥事、

稱光院御時爲行幸所調置兩社(石清水八幡宮・賀茂社)神寶可被發遣哉〔否カ〕不問事、

十月

十月

(64ウ)

一日　參室町殿(足利義宣)事、

飛鳥井雅縁薨ズ

平座事、　飛鳥井中納言入道雅縁(法名宋雅)卿薨逝事、

二日　關東(足利持氏)上洛聞事、被尋問諸大名事、　○四卷百十頁參照、　被遣使者於關東事、○四卷百十頁參照、

四日　法勝寺執行被斬首事、依徳政事也、　○四卷百十一頁參照、

勸修寺經成所藏ノ記錄撰定ヲ助成ス

向勸修寺中納言(經成)第撰定記錄事、彼家文書目六事、〇四卷百十二頁參照、

慶賀笏・淨蓮花院願文ホ一見事、〇四卷百十三頁參照、

七日 被遣關東之使僧於途中遇事逃上事、〇四卷百十四頁參照、

八日 依亥子參室町殿事、〇四卷百十四頁參照、

十一日 景藤(山井)本領自院(後小松上皇)被返下事、〇四卷百十五頁參照、

造官廳間事、〇四卷百十六頁參照、

十二日 同事、消息、〇四卷百十九頁參照、

十三日 同間事、〇四卷百二十頁參照、

上皇御出家沙汰事、辭尊号沙汰事、〇四卷百二十一頁參照、

十四日 頭中將隆夏(油小路)朝臣談云、右大弁親光(廣橋)朝臣望中納言事、〇四卷百二十二頁參照、

十五日 左頭中將(隆夏)造官廳御教書所望事、〇四卷百二十二頁參照、

十六日 向花山院(持忠)亭、被示合官廳木作始日時定間事、并召藝方、問上皇御出家間事、〇四卷百二十五頁參照、

十七日 造官廳日時定事、〇四卷百二十六頁參照、

十八日 左大弁宰相秀光(日野)・右大弁宰相親光、ホ敍從三位事、〇四卷百二十八頁參照、

直衣始

十九日 直衣始事、〇四卷百二十九頁參照、

廿日　院亥子事、〇四卷百二十九頁參照、

（65オ）
廿二日　景藤訴訟事以書狀談合中御門宰相事、（松木宗繼）〇四卷百三十頁參照、

廿三日　頭中將隆夏朝臣住吉權神主國博敍爵宣下符案所望事、（津守、本年十月二十一日敍爵）書樣各也、〇四卷百三十頁參照、

廿五日　依月忌唱弥陀名号十万遍事、（應永二十八年四月二十五日父滿親薨）〇四卷百三十一頁參照、

廿六日　雖當番申故障事、〇四卷百三十一頁參照、

廿七日　烏丸少納言入道豐光、（中）（法名祐通）於室町殿可有御鞠之由、被示送事、〇四卷百三十一頁參照、

廿八日　相伴左大弁秀光、向園前中納言基秀、亭、談合蹴鞠間事〻、今〻、左典廐五壇法（日）（義宣）結願、日中儀也、〇四卷百三十二頁參照、

今日烏丸中納言入道被示送御鞠延引之由事、〇四卷百三十二頁參照、

廿九日

正長二年

正長二年己酉、　參議正三位行左近衞權中將藤原朝臣（中山定親）判、廿九歲、

正月

正月大

一日　四方拜依幼主（後花園天皇）十一歲、無出御、但依例供御裝束事、〇四卷百三十六頁參照、

院（後小松上皇）拜礼事、〇四卷百三十六頁參照、

院御藥事、使送之、衞府官裝束不審事、依院御例、〇四卷百三十六頁參照、
小朝拜雖幼主有出御事、〇四卷百三十七頁參照、
節會事、無出御、內弁右大將淸通（久我）、標立樣不審事、〇四卷百三十七頁參照、

(65ウ)

二日　院御藥事、〇四卷百四十頁參照、
殿上淵醉事、〇四卷百四十頁參照、

敍位

五日　敍位事、〇四卷百四十頁參照、
飛鳥井宰相雅世、敎有卿（山科）位階超越、可申所存哉否、談合事、〇七日條ナラン、四卷百四十五頁參照、

七日　節會事、〇四卷百四十五頁參照、
中御門宰相（松木宗繼）節會幷加敍執筆作法ホ談合事、〇四卷百四十五頁參照、
里內軒廊公卿出入西面歟、南面歟否事尋申右府（一條兼良）事、有返答、〇四卷百四十六頁參照、
立樂無人于相從〔催カ〕之間僕〔徒カ〕退出之由、天〔大ヒ〕神景富（山井）來談、不審事、〇四卷百四十八頁參照、

八日　山科宰相（敎豐）夜前節會以予敎訓無〔爲ヒ〕參勤之由、被示送事、〇四卷百四十八頁參照、

十日　室町殿（足利義宣）緇素群參事、〇四卷百四十八頁參照、　執柄（二條持基）・前關白（九條滿敎）座列如何、不審事、〇四卷百四十九頁參照、

十一日　於仙洞有猿樂事、〇四卷百五十頁參照、

十二日　頭右中弁忠長朝臣（甘露寺）踏哥節會申沙汰談合事、〇四卷百五十頁參照、

此次語云、敍位日院宮御申文幷續紙、依資親（日野）藏人左中弁、・明豐（中御門）藏人右少弁、ホ早出、六位藏人（源爲治）持參事有沙汰事、○四卷百五十頁參照、

十四日　右中將持敎（山科）朝臣入來、十六日節會欲參陣、大將〔右〕着胡床路可何樣乎否事被尋問事、○四卷百五十一頁參照、　此次坊家奏取次進退事被相問事、委細、○四卷百五十三頁參照、

二月小

二月
後花園天皇讀書始
孝經
烏丸豐光薨ズ

三日　參室町殿（足利義宣）壇所、謁三寶院僧正滿濟、准后人也、事、○四卷百五十六頁參照、

四日　四条宰相隆夏（油小路）、入來被談曰、九条宰相（海住山清房）敍位執筆諸人奇傾事、○四卷百五十七頁參照、

（66オ）

十三日　中御門前中納言入道宗宣（松木、法名常祐）、勅勘（應永二十五年九月二日稱光天皇勅勘）恩免、昨日參院（後小松上皇）事、○四卷百五十八頁參照、

十五日　頭左大弁房長（甘露寺）朝臣縣召除目被催事、○四卷百五十九頁參照、　被申故障之由事、○四卷百五十九頁參照、

十六日　房長朝臣送書狀、除目執筆以否〔參〕被尋事、猶故障之由候事、○四卷百五十九頁參照、

十七日　主上（後花園天皇）有御讀書始事、宗業（清原）眞人奉授孝經云々、○四卷百六十頁參照、

十八日　入道權中納言藤原豐光（烏丸）卿入滅事、法名祐〔通〕進、○四卷百六十頁參照、

廿一日　入道中納言豐光卿（應永三十年四月二十五日出家）出家以前日付任大納言由被宣下、不審事、○四卷百六十一頁參照、

廿八日　今日左馬頭殿（足利義宣）可有首服由兼日有沙汰、而延引事、○四卷百六十二頁參照、

正長二年三月

三日　左中將實雅(正親町三條)朝臣來臨、左典厩(足利義宣)殿參內(後花園天皇)・院(後小松上皇)參、扈從文車可然調[新カ]間事被示合事、〇四巻百六十三頁參照、

五日　中御門宰相宗繼(松木)、被尋問除目清書間事御愚記被借[受ヒ]文事、〇四巻百六十三頁參照、

七日　房長(甘露寺)朝臣送使者、除目執筆可(脫アルカ)、延否併可在御參否之由、被申事、〇四巻百六十三頁參照、

同日　中御門宰相宗繼、除目間事被示合之次、堀河左府(源俊房)御傳[ロカ]通俊(藤原)卿抄也、有中御門右府宗忠(藤原)公奥書、被見[披カ]中事、〇四巻百六十四頁參照、

足利義宣元服ス

九日　左馬頭殿(義宣)元服、加冠尾張守持國(畠山)也、有禁色宣下事、上卿万里小路大納言(時房)云々、〇四巻百六十四頁參照、

十一日　人々參左典厩、賀申元服事、〇四巻百六十四頁參照、

義宣參議左近衛中將ニ任ゼラル

十五日　被行小除目事、左典厩任參議左近中將給故云々、〇四巻百六十五頁參照、

十六日　人々參將軍亭賀申事、〇四巻百六十五頁參照、

廿一日　招四位大外記師世(中原)朝臣、被問答除目條々事、〇四巻百六十六頁參照、

（66ウ）

」

今日北野社一切經會參向事、〇四巻百六十六頁參照、

廿二日　山科宰相家豐、來臨、被尋問除目間事、〇四巻百六十六頁參照、

廿三日　除目御執筆祈禱、龍花院僧正自身(定助)被勤修事、〇四巻百六十七頁參照、

除目執筆ヲ領状ス

今日被獻除目執筆請文事、〇四巻百六十七頁參照、

今日新宰相中將(足利義教、モト義宣)殿令參內并院給事、〇四巻百六十七頁參照、

縣召除目執筆ヲ勤ム

廿四日　被始行除目事、御執筆、次第在別記云〻、〇四巻百六十七頁參照、

廿五日　除目第二日事、〇四巻百六十八頁參照、

廿六日　除目入眼延引事、依柳營(義教)可昇進給、被擇日次云〻、〇四巻百六十八頁參照、

廿七日　房長朝臣入眼可爲來廿九日之由、有催事、〇四巻百六十八頁參照、

廿八日　花山院大納言持忠、被示合將軍宣下(敍從三位)次第事、注進一紙給事、〇四巻百六十八頁參照、

廿九日　花亞相參陣事、〇四巻百六十八頁參照、

今日除目入眼事、但委細別記給云〻、〇四巻百六十八頁參照、

卅日　諸家・諸門參賀將軍事、〇四巻百六十九頁參照、

正長二年己酉、　參議正三位行左近衞權中將兼近江守藤原朝臣(中山定親)［御］判、廿九歳、

四月

四月小

一日　平座事、

二日　四條宰相隆夏（油小路）、被來賀除目執筆無爲之由事、

五日　院（後小松上皇）御樂有催事、　被申所勞由事、

（67オ）

六日　安樂院周禎（御叔父、）（祥室、中山親雅男）首座所勞危急之由、告來事、

廿一日　賀茂祭事、代始也、

廿三日　參室町殿（足利義教）壇所、有示合三寶院（滿濟）僧正事、

父中山滿親遠忌佛事

廿五日　御遠忌（應永二十八年四月二十五日父滿親薨）如形遂其節事、

廿六日　被發遣八幡一社奉幣事、

五月大

五月

等持寺御八講今年ヨリ停止サル

二日　等持寺八講自今年停止事、

三日　新亞相（足利義教）殿於犬馬場猿樂御覽事、

四日　新亞相殿明日小五月會御見物事、

足利義教賀茂競馬ヲ見物ス

五日　新亞相殿自坂本直令渡賀茂給競馬御覽事、

十三日　向覺恩院僧正房、有示合事、

十七日　明後日仙洞（後小松上皇）猿樂可參入之由、有催事、

十八日　詣粟田口、謁慈恩院僧正事、
十九日　於院有猿樂、參入事、

六月大

六月

一日　參賀新亞相(足利義教)殿事、

止雨奉幣

三日　今夕被行止雨奉幣事、
七日　祇園御輿迎風流不參內(後花園天皇)・院(後小松上皇)事、
(67ウ)
九日　大館入道(滿信、法名祐善)送使者、傳源亞相(義教)殿御命事、
十日　早旦遣使者定長(藤原)、於大館入道許、重尋問昨日御使之趣事、
十一日　中御門宰相(松木宗繼)來臨、相伴伯雅兼王許事、　予在伯宅之間、大館有使者事、
十四日　祇園御靈會如例、不參內・院事、
十五日　今夜御樂可參仕之由、有催事、被申荒痢之由事、

綾小路信俊薨ズ

十八日　前權中納言源信俊(綾小路)卿逝去事、
廿一日　向左中將實雅(正親町三條)朝臣許事、　今日大館入道送使者、先日御返事可承左右「之由、示之事、」(行間補書)
廿二日　大神(山井)景富院御覽有沙汰之由語事、

足利義教女誕生ス

晩頭參院、女御出御〔院カ〕一獻事、

廿五日　今日源亞相殿(義教)女房(光範門院、日野西資子)平產事、姬宮〔君カ〕事、

自院被下御使、催馬樂已下郢曲道事可尋仰花頂僧正(定助)之由、被仰下事、

定親叔母尼沒ス

廿六日　以書狀傳申院宣之旨於花頂僧正房事、

今日故殿(中山滿親、定親父)御妹尼(量光房)公逝去事、

廿九日　參院事、

卅日　頭弁忠長朝臣(甘露寺)送消息、御教書可書白紙歟、可書紙屋帋歟否事被示合事、雖職事院中事猶白紙可然之由、被仰事、世務於院宣者、書宿紙例也、○四卷百七十頁參照、

七月

七月小

一日　依輕服無御出仕事、(本年六月二十六日叔母沒)

山井景富卒ス

二日　大神景富(山井)死去事、

滿濟ニ家領代官ニ就キ使者ヲ送ル

(68オ)

四日　送三寶院僧正(滿濟)使者、被示合家領代官間事〻、

七日　依輕服未御出仕、被奉草花於仙洞(後小松上皇)事、

花山院長親薨ズ

十日　耕雲庵主明魏房(花山院長親)入滅事、

十一日　飯尾加賀守爲行奉源亞相（足利義教）殿御命有示送事〻、
十二日　詣三寶院僧正有示合事〻、
十四日　早旦詣中山御墓所給事、
細川持元卒ス　今日細川右京大夫持元逝去事、
十六日　奉爲稱光院向西院邊可書寫一字一石法花經之由、人〻誘引事、
十九日　於院自今夜被修行五尺尊〔大〕令〔合ヒう〕行法事、
稱光天皇一周忌佛事　廿日　故稱光院（正長元年七月二十日崩）御周忌於安樂光院被行御經供養事、
廿五日　參院事、今日四辻宰相中將（季保）送使者、明日室町殿（義教）御舟事可有申御沙汰可參入之由、被示送事、　仍參入事、
廿六日　向勸修寺中納言（經成）亭有五十首和哥事、
東大寺ニ怪異アリ　或人云、東大寺大佛殿十灯悉消云〻、恠異事、
依太神宮与山田地下人（伊勢國渡會郡）合戰（本月十三日）外宮已觸穢、仍祈年穀奉幣延引事、
廿七日　以〔四〕條宰相中將隆夏（油小路）朝臣來月四日任大臣次可被還任（本年三月十五日辭參議）、放生會可參向之由、被示合事、

八月　八月大建癸酉、

日蝕　一日　日蝕御祈依三壇御修法以前不及沙汰事、

二日　中御門宰相宗繼（松木）、被示合任大臣節會作法事、

三日　伯雅兼王被尋問任大臣節會作法幷裝束ホ事、○四巻百七十三頁參照、

任大臣節會　足利義教右近衞大將ニ任ゼラル

（68ウ）

四日　任大臣事、○一條兼良轉左大臣、近衞房嗣轉右大臣、久我清通任内大臣、四巻百七十四頁參照、　任大將事、（大炊御門信宗轉左大將、足利義教任右大將）

右大將殿（義教）可被着小直衣哉否事、

七日　遷幸廻文持來事、

八日　同内藏寮役注進事、

飛鳥井宰相（雅世）被示合大將殿（義教）八幡詣殿上人裝束事、

十日　頭右大弁（甘露寺忠長）催遷幸供奉事、　同〻（御カ）渡物事示合事、

十一日　淳和・奬學院別當職事、

十二日　少將雅親（飛鳥井）八幡詣供奉事示合事、　新宰相隆夏朝臣（油小路、正長元年十一月三日任參議）拜賀事、

十三日　○空白、

月蝕

十五日　月蝕御祈事、　放生會事、

十六日　駒引、參陣事、雨儀、○四巻百七十四頁參照、

義教石清水八幡宮ニ詣ヅ

十七日　右大將殿八幡詣事、　十八日　同參賀事、

十九日　舞御覽御習礼事、　廿二日　遷幸御祈八社奉幣事、

改元可令參陣給之由、頭弁（甘露寺房長）送御教書事、

廿三日　四辻宰相中將（季保）亭樂事、

廿四日　舞御覽散狀事頭右大弁示合事、　廿五日　院（後小松上皇）舞御覽事、

廿九日　遷幸于土御門殿事、　卅日　大將軍（義教）甲始賀申事、

土御門內裏ニ遷幸ス
足利義教ノ甲始ヲ賀ス

十月

永享元十月大己酉、　參議正三位行左近衞權中將兼近江權守藤原（中山定親）朝臣御判廿九才、

(69オ)

一日　令參賀室町殿（足利義教）事、○四卷百七十六頁參照、

平座事、○四卷百七十六頁參照、

二日　緇素群參右將軍（義教）、賀申春日御詣（本年九月二十三日）無爲事、獻銀劔事、　○四卷百七十六頁參照、

政始可參之由、被催事、○四卷百七十七頁參照、

參右將軍事、亥子、　○四卷百七十七頁參照、　參內（後花園天皇）・院（後小松上皇）被申出御食切事、是右將軍御使云々、　○四卷百七十七頁參照、

三日　詣香嚴院事、

五日　花山院大納言（持忠）奉太神宮行事々、○四卷百七十八頁參照、

七日　向勸修寺中納言（經成）許、政始間事示合事、○四卷百七十九頁參照、

六位藏人着布衣祇候院間事、○四卷百七十九頁參照、

八日　政始日可請印神事文輕服（本年九月九日定親叔父祥室周禎寂）參議可憚哉否事、〇四卷百八十頁參照、

九日　普門院（定我）僧都申請之院女房奉書被下事、

依弁不參政始可延引事、

造豐受太神宮間事、

太神宮行事上卿間事花山院大納言申狀不可然之由、有仰事、

十日　送昨日女房奉書於花頂（定助）、有請文事、

十四日　御即位可爲年內事、且五个条被仰下事、〇四卷百八十頁參照、

十七日　褰帳女王二人可沙汰進由、被仰伯（雅兼王）事、〇四卷百八十二頁參照、

廿一日　官廳立柱上棟日時定事、有御教書、〇四卷百八十三頁參照、

豐受大神宮山口・木本祭日時定事、有御教書、〇四卷百八十三頁參照、

請印政御教書事、〇四卷百八十四頁參照、

大奉幣米院宣事、〇四卷百八十四頁參照、

（69ウ）

廿三日　政始事、〇四卷百八十六頁參照、

廿五日　被觸御即位親王代［侍從カ］可勤仕之由事、〇四卷百八十七頁參照、

花山（持忠）亞相被問請印政幷造太神宮日時定請文樣事、〇四卷百八十七頁參照、

太政官廳立柱上棟

廿七日　官廳立柱上棟事、〇四巻百八十九頁参照、　請印政次第造送花山事、〇四巻百八十九頁参照、

本云〔花山ヒう〕礼服事請文案事、〇四巻百九十頁参照、

園基世薨ズ

廿九日　園宰相基世朝臣逝去事、〇四巻百九十頁参照、

請印政

請印政事、内文事、〇四巻百九十二頁参照、　外宮造替山口祭日時定事、

（日野、本年十月十六日兼左衞門権佐）資親申廷尉慶事、〇四巻百九十三頁参照、

十一月

永享元十一月

一日　早旦参賀室町殿（足利義教）事、　三日　褰帳女王裝束事、

六日　三寶院（満済）僧正天王寺別當被賀申事、　御即位（後花園天皇）内弁左府（一条兼良）被申故障事、

土記

七日　参院（後小松上皇）事、此次土御門右府（源俊房）記号土記否事幷御即位次將桂甲字事被尋下事、

八日　自院下賜礼服・牙笏、頭弁（甘露寺房長）為奉行欤、請文則被遣事、

鎮魂祭請文事、〇四巻百九十四頁参照、

禮服以下累代古物ヲ覧ズ

十日　房長朝臣礼服御點御教書〻様事、〇四巻百九十四頁参照、　十五日　花山院（持忠）礼服以下累代古物被御覧事、

十八日　大蔵卿知俊朝臣（安居院）御即位右侍従冠事、　廿一日　小除目事、

廿三日　鎮魂祭参向事、

廿四日　於八幡有舞樂事、

廿八日　稱光院姫宮御着袴事、

」

(70オ)

永享元十二月

一日　早旦參賀右大將(足利義教)殿事、

頭弁房長(甘露寺)朝臣來七日可有御卽位(後花園天皇)日時定可參陣之由、被催事、則被獻請文事、○四巻百九十五頁參照、

二日　御卽位日內藏寮年預(藤井行富)調進物注文送頭弁許事、○四巻百九十六頁參照、

六日　資益(白川)被催御卽位次將之由、父王(雅兼王)示送之御教書寫留事、○四巻百九十七頁參照、

七日　參院(後小松上皇)御粥事、○四巻百九十八頁參照、

後花園天皇卽位日時定

今日御卽位日時定參陣事依輕服(本年九月九日定親叔父祥室周禎寂)定文、御不參事、擬侍從小書〻〔出脫カ〕文様不審事、○四巻百九十八頁參照、

十一日　向四辻宰相中將(季保)許、此間少外記清原宗種持來擬侍從定事、○四巻百九十九頁參照、內〔同ヒう〕於此所覽礼服公卿宣旨事、○四巻百九十九頁參照、件ホ書様事、○四巻百九十九頁參照、

十二日　被發遣御卽位由伊勢幣事、○四巻二百一頁參照、

十三日　礼服御覽并御卽位敍位事、○四巻二百一頁參照、

十四日　自今日於等持寺被行八講事、勝定院(足利義持、法名道詮)入道殿御佛事云〻、○四巻二百六頁參照、

諸人足利義教ノ敍従二位ヲ賀ス

十五日　參右將軍殿賀申御一級（本年十二月十三日義教敍従二位）、諸家・諸門群參事、〇四巻二百六頁參照、

中御門宰相宗繼（松木）、御樂被催事、〇四巻二百六頁參照、

十六日　去十三日敍位、行尚（山科）・資益（裏松）・政光（烏丸）ホ超越資任事、〇四巻二百七頁參照、

十八日　ホ持寺御八講結願事、〇四巻二百七頁參照、

廿一日　頭弁房長朝臣送消息、敍位儀可令御執筆〔候〕、式日不宜、日次重可獻御教書之由、示送事、〇四巻二百九頁參照、

新少納言長郷（高辻）朝臣新調之礼服有訛謬者、可ホ〔示カ〕之由、示送事、〇四巻二百十頁參照、

廿二日　山科宰相（家豊）入來、被尋問行幸供奉行列事、注圖遣事、〇四巻二百十頁參照、」

（70ウ）

廿四日　御卽位日右大將殿御見物供奉人裝束事、〇四巻二百十頁參照、

廿五日　左中將實雅（正親町三條）朝臣來臨、雨中行幸供御雨皮之作法幷御卽位日右大將殿御參扈從之間事ホ、

被示合事、但雨皮事不能教訓〔授カ〕、可祕抄云々、〇四巻二百十一頁參照、

向白川二位入道許（資忠、法名乘任）、［評］（ヒ）定女裝束事々、〇四巻二百十一頁參照、

後花園天皇卽位

廿六日　頭弁房長朝臣御卽位儀可爲辰一點之由、有催事、〇四巻二百十二頁參照、

向伯雅兼王許、召出明日童女・下仕令着件裝束事、〇四巻二百十二頁參照、

今夜行幸官司見物事、條々御不審事、〇四巻二百十三頁參照、

廿七日　今日天皇御卽位事、委細注別記給云々、〇四巻二百十五頁參照、

廿八日　左大臣《一條兼良》送消息昨日儀可注賜之由、被示送事、○四卷二百十六頁參照、

永享二年正月

一日　節會事、但蟲損如形、○四卷二百二十頁參照、

三日　頭弁房長朝臣《甘露寺》敍位儀可爲六日可令候執筆給之由、御教書到來事、則請文事、○四卷二百二十二頁參照、

四日　參院《後小松上皇》、此次右中將實雅朝臣《正親町三條》大將殿《足利義教》參內扈從可爲衣冠哉否事示合事、○四卷二百二十五頁參照、

五日　同間事、白川二位入道《資忠、法名乘任》送使者、不審事、○四卷二百二十五頁參照、

敍位

六日　敍位事、○四卷二百二十六頁參照、

七日　節會事、○四卷二百二十九頁參照、　右大將殿御見物事、○四卷二百二十九頁參照、　內弁《萬里小路時房》・違例事、○四卷二百二十九頁參照、

十一日　參院猿樂事、○四卷二百三十一頁參照、　入夜右大將殿參入給事、○四卷二百三十一頁參照、

十二日　院御連哥事、○四卷二百三十一頁參照、

十三日　詣花頂《定助》公事間事淸談事、○四卷二百三十一頁參照、

(71オ)

十六日　四条宰相隆夏《油小路》、被尋問節會間事、○四卷二百三十三頁參照、

十八日　中御門宰相《松木宗繼》・四条宰相亦被尋問女敍位執筆事、○四卷二百三十四頁參照、

武家風流

十九日　武家風流事、○四卷二百三十四頁參照、

廿二日　右大将殿新造會所御連哥事、○四巻二百三十四頁參照、
藤宰相入道（高倉永藤、法名常允）蹴鞠張行事、○四巻二百三十五頁參照、

廿四日　四辻宰相中將（季保）明後日廿六日、可有御樂始之由、有催事、○四巻二百三十六頁參照、

廿八日　勸修寺中納言（經成）女敍位間事以書狀不審事、○四巻二百三十七頁參照、
則御返答事、○四巻二百三十八頁參照、

廿九日　右大將殿北方（裏松宗子、本年正月二十八日敍從三位）御加階三品、參賀事、○四巻二百四十頁參照、
於院猿樂事、○四巻二百四十頁參照、

（約四行分空白）

永享二年庚戌、　參議正三位行左近衛權中將兼近江權守藤原（中山定親）朝臣御判卅才、

二月小

（71ウ）

一日　依穢氣不出仕事、○四巻二百四十二頁參照、

八日　伯雅兼王補當職（正長元年八月二十五日）之後每朔出仕令停止之由、申之、實否如何事、○四巻二百四十四頁參照、

九日　白川二位入道（法名乘任）資忠卿、依所勞危急申讓伯職於子息雅兼事、出家日廿九日、（正長元年八月）○四巻二百四十四頁參照、

月蝕

十一日　於室町殿（足利義教）今日蹴鞠事依穢氣御不參事、（十二ヵ）〇四卷二百四十五頁參照、
十七日　被發遣祈年穀奉幣事、〇四卷二百四十七頁參照、
十九日　月蝕事、〇四卷二百四十七頁參照、
廿四日　參院（後小松上皇）事、〇四卷二百四十八頁參照、

三月

永享二三月大

一日　早旦參右大將（足利義教）殿事、
三日　早旦參右大將殿事、
四日　參院（後小松上皇）、於女院（光範門院、日野西資子）御方有御宴事、
十日　房宗僧正轉正事、
十六日　右大將殿中御門中納言俊輔、大納言所望事執奏事、
廿二日　院御樂始事、
廿四日　四條宰相（油小路隆夏）被示云、御幸右大將殿亭供奉人可相催之御教書事、
大嘗會傳奏按察大納言（土御門資家）初奏事、

縣召除目

廿九日　除目間事、書顯官擧次第事、

四月

永享二年四月

(72オ)

一日　早旦參賀室町殿(足利義教)事、〇四卷二百五十一頁參照、

十日　於太子堂(速成就院)御聽聞法花經談義事、〇四卷二百五十三頁參照、

堯仁法親王寂ス

廿一日　妙法院宮(堯仁法親王)入滅給事、〇四卷二百五十四頁參照、

廿二日　大嘗會國郡卜定參陣有催事、則被獻請文事、〇四卷二百五十五頁參照、

內裏小番結改

廿三日　禁裏小番被結改之由、京極中納言(西園寺實光)示送事、三寶院僧正(滿濟)狀案・攝政(二條持基)消息案ホ、則被獻請文事、〇四卷二百五十五頁參照、

大嘗會國郡卜定

大嘗會國郡卜定參陣間事、〇四卷二百五十八頁參照、

五月

永享二年五月

一日　早旦參賀右大將(足利義教)殿事、

四日　妙法院宮堯仁親王、被弔申事、

五日　早旦被參右大將殿事、

七月

永享二年七月

一日　被參右大將(足利義教)殿事、

四日　四辻宰相中將(季保)七夕御樂可令參仕給之由、有消息事、

五日　房長朝臣(甘露寺)來廿五日右大將殿御拜賀殿上疊可下知之由、有催事、

七日　被進草花於院(後小松上皇)事、

今日御樂參仕人數事、

十一日　房長朝臣政始可令參侍給之由、示送御教書事、○五卷二一頁參照、

十六日　參院事、有一獻事、

(72ウ)

十九日　權中納言長忠(葉室)卿被任大納言事、

足利義教任右近衛大將ノ慶ヲ申ス

廿五日　右大將殿被申慶間事、委細、去年八月四日任右近大將給故云々、○五卷二一頁參照、

廿八日　緇素群參右大將殿賀申御拜賀事、○五卷十一頁參照、

八月

永享二八月

一日　早旦參右大將(足利義教)殿給事、

神樂星曲傳受

三日　神樂星曲御傳受事、

六日　參院(後小松上皇)事、

今日吉田大納言家俊（清閑寺）、大嘗會御禊奏事始事、

十二日　同人御禊行幸蔀屋典侍（中山僚子、定親妹）可令沙汰給之由、有催事、○五巻十二頁參照、

日蝕

十五日　日蝕事、

放生會事、

十八日　參院事、

外記政始

廿二日　外記政始事、委細、

廿八日　房長朝臣（甘露寺）大嘗會御禊行幸日時可令參陣給之由、示送消息事、○五巻十二頁參照、　被申故障事、

十月

永享二十月

（73オ）

一日　參右大將殿（足利義教）給事、

此次藤宰相（高倉永藤、法名常充）入道談云、別當秀光（日野）、御禊行幸日可着闕腋袍云〻、雖衞府官公卿闕腋不審事、

○五巻十四頁參照、

平座事、

五日　廣橋中納言（親光）右大將殿御直衣始扈從事示送事、

六日　左少弁明豊（中御門）可有行幸官司可令供奉給之由、御教書到來事、則被獻請文事、○五巻十五頁參照、

同日頭右大弁忠長(甘露寺)朝臣清暑堂神宴可令參仕給之由、被催事、書様御不審事、〇五巻十五頁參照、

十四日　右大將殿被獻貢馬十疋於院(後小松上皇)事、例年儀也、

足利義教従一位ニ敍サル

十七日　右大將殿令敍従一位給、緇素參賀事、

十九日　忠長朝臣清暑堂神宴拍子合可令參仕給之由、御教書到來事、被獻請文事、〇五巻十六頁參照、

大嘗會御禊行幸

廿五日　大嘗會御禊行幸事、委細、

十一月

十一月

一日　參右大將殿(足利義教)給事、人〻依大嘗會檢校神事不參入事、〇五巻十八頁參照、

今日清暑堂神宴習礼事、〇五巻十八頁參照、

三日　於院(後小松上皇)清暑堂御神樂拍子合事、委細、〇五巻十九頁參照、

可申出院御器(柯亭)カテイ、御所作事、女房奉書在之、〇六日條ナラン、五巻二十四頁參照、

大嘗會國司除目

七日　大嘗會國司除目間事、委細、〇五巻二十七頁參照、

足利義教直衣始

九日　右大將殿着直衣令參內(後花園天皇)給事、委細、〇五巻二十九頁參照、

十一日　忠長(甘露寺)朝臣於室町殿清暑堂御神樂拍子合可令參仕給之由、有御教書事、〇五巻三十頁參照、

十二日　右大將殿去九日直衣始〔人〻(ヒう)〕令參賀事、

於右大將殿清暑堂御神樂拍子合事、委細、

大嘗會行幸

(73ウ)十四日　爲大嘗會行幸(後花園天皇)官朝所、內侍所有渡御事、委細、雨儀作法事、

十六日　五節參入事、

大嘗會敍位

大嘗會敍位事、

廿日　節會事、官朝所、

十二月

永享二十二月

一日　早旦參右大將殿(足利義教)給事、○五卷三十二頁參照、

八日　頭右大弁忠長朝臣(甘露寺)來十四日小除目有催事、則可獻請文事、○五卷三十四頁參照、

九日　右大將殿參院(後小松上皇)御粥御頭役事、○五卷三十四頁參照、

十二日　万機旬出居次將進退事、○五卷三十五頁參照、

內侍所臨時御神樂

十四日　內侍所臨時御神樂事、○五卷三十七頁參照、

等持寺御八講

十五日　ホ持寺御八講事、○五卷四十一頁參照、

十九日　藏人左少弁明豐(中御門)送御教書女敍位可令參仕給之由、有催事、書様不審事、請文事、○五卷四十二頁參照、

萬機旬

廿一日　万機旬事、○五卷四十三頁參照、

○尊經閣文庫所藏永享三年辛亥記ヲ以テ底本トス、底本錯簡アリ、今コレヲ正ス、

(後補表紙題簽)「永享三年辛亥記」

(原表紙)「　此本油小路殿薩戒記抄

(押紙)「近世之書寫ニハ無御座候へ共、手跡・墨色ホ
百年前後之書寫之様ニ奉存候、(別筆)『愚意同然、』」

薩戒
永享三年辛亥、

永享三年

(1オ)永享三年辛亥、　參議正三位行左近衛權中將藤原(中山定親)朝臣(御)□判、卅一才、

正月

正月

一日　依當番參(後花園天皇)內事、依節會日不着直衣、但先着直衣、及刻限改束帶事、有例、

小朝拜

(×一)・同日　小朝拜事、○五卷四十六頁參照、

」

中次還出着靴仰出御之由事、○五巻四十六頁参照、　大納言以下与大臣列平頭立事、不審事、○五巻四十六頁参照、

六位藏人ホ立列之時揖事、○五巻四十六頁参照、

諸卿出外弁之時、於床子座向弁・少納言揖事、○五巻四十六頁参照、

各次第着仗座之時、已次公卿請益事、

起外弁座到中門之時無雁列、如何事、

御膳遅々、仍内弁（三條西公保）下殿被催事、

脇御膳供了入御、先内侍取劔璽、次入御、不可然事、

月輪宰相（尹賢）御酒勅使進立西第一間事、○五巻四十七頁参照、

四條宰相（油小路隆夏）催雑事毎度下殿事、

勸盃之時、毎度四條宰相在端座受奥座盃事、

宣命拜了雖不還昇、不可拔匙之由、如何事、」

(1ウ)

西階昇降、家説事、○五巻四十七頁参照、

着祿所路頭事、

外弁參入之時、次將不起座事、

院（後小松上皇）御藥陪膳事、

四日　參右大將(足利義教)殿事、

五日　敍位依御衰日延引事、

敍位

六日　敍位議事、非委細、○五巻四十七頁參照、

七日　雨儀敍列立樣事、巨細、

(一條兼良)內弁多用異說事、雨儀条〻、

十日　緇素群參右大將殿事、

足利義教參內ス

右大將殿令參內給事、

十三日　參院、有御連歌事、

義教ノ伊勢參宮ノ供奉ヲ命ゼラル

十四日　右大將殿御參宮供奉事、

十六日　節會事、內弁(公保)進退條〻、

義教廣橋親光第ニ渡ル

十八日　右大將殿渡御新藤中納言親光(廣橋)亭事、

二月

(2オ)

二月小

一日　早旦參賀右大將(足利義教)殿事、

春日祭事、

足利義教石清水八幡宮竝ニ六條八幡宮ニ詣ヅ

四日　右大將殿八幡御參詣事、

自今夜伊勢詣始神事〻、条〻、○尊經閣文庫所藏薩戒記目錄ハ五日トスル、

義教大神宮ニ詣ヅ

七日　進發伊勢事、(義教)來九日將軍御進發、供奉從今日下向事、

十二日　右大將殿太神宮御社參事、扈從作法条〻、

十五日　將軍御還着事、

十六日　諸人群參右大將殿事、御參宮賀申、各獻銀劔事、:(ヾ云〻)

後花園天皇讀書論語

廿二日　依當番參內、(後花園天皇)於泉殿御讀書事、大外記業忠(清原)申論語事、

女官出產ス

去十二日女官頓產事、右大將殿御成敗事、

三月

三月大

一日　依腹病無出仕事、

裏松政光ヨリ山槐記外題ヲ請ハル

二日　山槐記外題右少弁政光(裏松)所望事、

四日　上巳祓事、

(2ウ)

五日　北野一切經會〻事、○御教書五卷四十八頁參照、

月輪宰相(尹賢)除目執筆作法欲受諷諫、辭退事、

六日　母堂（土岐滿貞女、定親母）令逢醫師給事、

七日　藏人重仲（五辻）除目〻六取樣事、非巨細、

八日　內裏（後花園天皇）當番事、

十日　重仲除目間事雜談事、

十一日　石淸水臨時祭記、送中御門大納言（俊輔）許事、同傳奏（勸修寺經成）事、

十二日　除目執筆人〻故障事、

十三日　賀茂祭典侍可沙汰立有催事、申子細事、

十四日　祭典侍猶可沙汰立由、被下女房奉書、申領狀事、

十六日　所勞以後始出仕、參院（後小松上皇）事、

十七日　參院、人〻乘船、於泉殿御燕飮事、

十八日　內裏番事、

廿日　除目入眼參議可參陣之由、有催事、

來廿四日仙洞御落餝着座事、

（3オ）

北野一切經會忠慶僧正依有不義不參勤事、

廿一日　院御出家日可參入之由、洞院中納言（實熈）示送事、

母煩フ

石淸水臨時祭記

後小松上皇出家ス
縣召除目

廿三日　參內事、當番、
廿四日　太上天皇御出家事、委ゝ巨細、　○五巻四十九頁参照、
廿六日　參院、御宴飲事、
　　　　除目從今日被始行、參直廬之路不審事、（裏松政光・土御門嗣光）兩少弁筥文相論事、　○五巻五十頁参照、
廿七日　除目事、委ゝ巨細、　○五巻五十頁参照、
廿八日　依院御衰日、除目入眼延引事、
廿九日　除目入眼事、委細、

四月

四月小

夕拜備急抄
雲圖抄

一日　早旦參右大將（足利義教）殿事、
三日　依當番參內（後花園天皇）事、
四日　頭中將（鷲尾）隆遠、日吉祭申沙汰、（本年三月二十九日補藏人頭）拜賀以前如何事、不用宿紙、有例事、
五日　同人借与夕拜備急抄幷雲圖抄ホ事、
七日　夏季土公在門、修理如何之由、問在貞（賀茂）朝臣事、
(3ウ)
八日　當番參內事、

九日　万里小路大納言（時房）ホ持寺結縁灌頂有催事、御教書在之、〇五卷五十二頁參照、

新藤中納言（廣橋親光）ホ持寺十講有催事、消息案、〇五卷五十二頁參照、

十日　頭中將隆遠朝臣尋問奉法親王幷攝家息ホ門跡書札礼事、〇五卷五十三頁參照、

十三日　警固召仰事、

十五日　賀茂祭事、非巨細、

內裏小番ニ就キ新法ヲ定ム

十九日　內裏小番可勤厚之旨、新法事、獻請文事、〇五卷五十四頁參照、

廿日　隆遠朝臣尋問拜賀幷石清水臨時祭事、祭事巨細、〇五卷五十五頁參照、

廿一日　結縁灌頂御誦經使內藏寮役事、

等持寺御八講

廿二日　等持寺八講事、將軍母儀卅三回忌、（藤原慶子、義教母、勝鬘院、應永六年五月八日沒）

廿三日　臨時祭羽［習］礼事、於攝政（二條持基）直盧有此事、巨細、

同日　別殿行幸事、

廿四日　頭中將隆遠朝臣尋問拜賀間事、依幼主（後花園天皇）不可奏吉書歟事、

廿六日　等持寺八講事、　今夜臨時祭御馬御覽事、

廿八日　於ホ持寺八講堂結縁灌頂事、大阿闍梨三寶院、滿濟准后、取布施公卿可帶劔・笏事、〇五卷五十七頁參照、

石清水臨時祭

（4オ）

廿九日　石清水臨時祭事、庭座參仕事、巨細、武家（義教）參內事、

五月

五月大

一日甲子、早旦室町殿(足利義敎)參賀事、人數如例、

等持寺曼荼羅供

七日　於ホ持寺被行曼荼羅供事、武家母儀(藤原慶子、義敎母、勝鬘院、應永六年五月八日歿)追善、導師聖護院、滿意准后、

十八日　今夜御修法被始行事、不動法、當代(後花園天皇)初度、聖護院僧正、○五卷五十八頁參照、

廿一日　隆遠(鷲尾)朝臣相催祈年穀奉幣使消息事、○五卷五十八頁參照、

足利義敎道號ニ依リ人々改名ス

廿四日　依武家道号字(善山)、人〻改名事、

廿七日　奉幣使平野、獻請文事、　同作法事、巨細、

六月

六月小

一日甲午、早旦室町殿(足利義敎)參賀事、龍華院(定助)僧正於武家(義敎)修法事、

八日　止雨奉幣事、非巨細、

足利義敎厩始

九日　武家厩始事、人〻獻銀劔事、

十日　止雨奉幣、有驗事、

(4ウ)

廿一日　今夜御樂、參院(後小松法皇)事、武家參院、入道內府(洞院滿季、法名聖覺)始着白絹付衣、被懸香袈裟事、

廿七日　院御樂事、

七月

七月大

淸原業忠ヨリ藤原忠親作貴嶺抄ヲ借用ス

一日癸亥、早旦參室町殿(足利義教)事、

三日　內府(藤原忠親)御作貴嶺抄借受淸大外記業忠(淸原)事、

五日　於入道前內府(洞院滿季、法名聖覺)亭有萬秋樂習礼事、

七日　御樂事、

十二日　二星出現事、

廿三日　造外宮行事官掌持來遷宮鷲羽廻文事、同書樣事、

足利義教女沒ス

廿六日　武家姫君卒去事、

足利義持室裏松榮子沒ス

廿七日　故勝定院(足利義持)後室(裏松榮子)入滅事、

八月

八月大

一日癸巳、早參武家(足利義教)事、八朔礼如例、

(5オ)
二日　放生會參向請文事、〇五卷六十頁參照、隆遠(鷲尾)朝臣所望駒引御教書符案事、

五日　依當番參內事、(後花園天皇)大外記業忠(清原)參上、有御讀事、

十日　室町殿新亭在所事、(室町北小路第)

十二日　葉室中納言宗豐、尋問放生會間事、消息勘遣事、

十四日　八幡宮密〻社參事、

十五日　放生會事、非巨細、

廿二日　室町殿事始、人〻參賀事、　室町殿事始

廿九日　院(後小松法皇)御樂事、

九月

　九月

一日　早旦參右大將(足利義教)殿事、

七日　依召參院(後小松法皇)事、有御連哥、

九日　早旦參賀武家(義教)事、万里小路大納言(時房)漆〔塗〕輿卷簾、如何事、

十三日　於三條(三條西)大納言公保、亭有和哥會事、

廿三日　右大將殿渡御富樫(持春)宅事、御方違、

廿六日　母(土岐滿貞女)堂入滅事、春秋四十八、　葬礼以下追善事、　母土岐滿貞女沒ス

(5ウ)

十月

十月

一日壬辰、先妣(土岐満貞女)初七日法事ゝ、佛不動木像、經金剛經六卷、

五日　弔喪人ゝ事、　七日　同弔喪人ゝ事、　九日　同上事、

室町殿立柱上棟

十三日　右大將殿(足利義教)室町亭立柱上棟事、非巨細、

廿六日　先妣月忌始事、作善事、

廿九日　先妣四十九日法事ゝ、

十一月

十一月大

一日壬戌、先妣(土岐満貞女)相當五七日、於法事者去月廿一日且行了事、預修了

難波宗敦卒ス

三日　入道左中將宗敦(難波)朝臣死去事、花山院(通雅)古老家司也、

相國寺佛殿上棟

十三日　相國寺佛殿上棟事、非巨細、

十五日　院(後小松法皇)主典代(島田定直)廳務改補事、○五卷六十一頁參照、

母沒スルノ後初メテ出仕ス

廿一日　遭喪之後始出仕事、(本年九月二十六日定親母沒)凶服無日數、無念事、

等持寺御八講

廿四日　等持寺御八講事、是爲勝定院(足利義持)入道殿云ゝ、

廿五日　洞中初雪賞翫事、但不參、

廿八日　參院、有御粥事、

十二月

(6オ)

十二月小

一日壬辰、早旦參右大將(足利義教)殿事、參賀輩如例、

着布衣參院(後小松法皇)事、

五日　被行結政請印事、但非巨細、

岡崎範景卒ス

九日　右衛門佐範景(岡崎)死去事、

足利義教室町殿ニ移徙ス

十一日　右大將殿自富樫(持春)宅移徙于室町亭事、

十二日　頭弁忠長(甘露寺)朝臣敍位儀送消息事、同請文事、○五巻六十二頁參照、

十三日　右大將殿移徙參賀事、

十六日　頭中將隆遠(鷲尾)朝臣尋問公事消息。書樣、御消息御氣色差別事、○五巻六十三頁參照、

十九日　向左大弁(甘露寺房長)亭、弔母(日野時光女)喪事、

廿一日　隆遠朝臣尋問踏哥節會并敍位間事、但非巨細、

廿四日　先妣(土岐滿貞女)百ヶ日法事〻、

廿五日　右大将殿参内(後花園天皇)事、去移徙御馬・御劔進物事、

廿七日　右大将殿緇素群参事、

室町殿御参内并貢馬御覧事、

(6ウ)廿九日　参院事、

永享四年

永享四年壬子、

正月

正月大

一日辛酉、今日不出仕、依重服(永享三年九月二十六日定親母没)斟酌事、

院(後小松法皇)拝礼事、非巨細、

節會事、召参議賜見参・目六、不審事、

三日　藏人左少弁明豊(中御門)白馬節會送御教書事、重服之間参仕例、尋問大外記業忠(清原)事、業忠勘例在之、　○五巻六十四頁参照、

四日　参右大将(足利義教)殿事、

着直衣参内(後花園天皇)、初参恒御所事、主上取令御杓御、賜天盃事、

参院事、

敍位

五日　白馬節會猶可參仕之由、從內・院有仰事、
敍位事、但無儀、聞書、光範門院(日野資子)御給尻付不載之、不審事、

六日　白馬節會參仕事、付女房申入院事、假名文案、○五卷六十五頁參照、

七日　節會參仕事、除服出仕後着陣事、人〻着仗座之時、第一人而已請益事、大臣移端座之時參木平伏退足事、

(7オ)
十六日　節會事、非巨細、

廿二日　依當番參內、着到尻付書樣事、○五卷六十六頁參照、

二月

二月小

一日辛卯、早旦武家(足利義教)參賀事、人數如例、

二日　藏人左少弁明豊(中御門)奉院(後小松上皇)仰尺奠相催事、(永享三年九月二十六日定親母沒)重服如何事、依別勅(後花園天皇)參仕事、

御樂始

三日　御樂始事、

室町殿大法結願ス

十二日　右大將殿(義教)大法結願事、

十五日　藏人右少弁重政(裏松)尋問陣右筆間事〻、但非巨細、

十六日　頭弁忠長(甘露寺)朝臣來月可被始行縣召除目可候執筆之由、相催事、○五卷六十七頁參照、
重服如何事、

少納言爲淸〔五條〕朝臣、〈尋問〉和哥懷帋、主人爲丞相者、他姓雲客可載姓哉否事、〇五卷六十八頁參照、

十七日　忠長朝臣除目執筆雖爲重服可參仕事、外記勘例事、

上丁尺奠依五躰不具穢不參事、　左大弁宗繼〔松木〕凶服事、

十八日　右大將殿和哥抄物書寫事、書和哥一首入見參事、

「十九日」〔行間補書〕
頭〔右大〕弁忠長朝臣除目執筆送御教書事、同請文事、

廿一日　祈年穀奉幣事、

(7ウ)

廿四日　右大將殿會所立柱上棟事、人〻參賀事、

室町殿會所立柱上棟

三月

三月一日

一日庚申、早旦武家〔足利義教〕參賀事、

三日　御灯日、依重服〔永享三年九月二十六日定親母沒〕不可參內事、但御禊停止之間、不可有憚事、

足利義教花見ス

四日　右大將殿〔義教〕有花歷覽事、花頂弁若王子、〔後花園天皇〕供奉人數事、

五日　大將殿大原野花事、儀如昨日事、

六日　右大將殿兩日儀無爲珍重由、人〻參賀事、

縣召除目

十日　四位大外記師世(中原)朝臣除目間事清談事、

十二日　除目申文事、望内舎人一通・臨時給名簿一通、○五巻六十九頁參照、

十三日　除目第二夜事、　書顯官擧事、但非巨細、

十四日　除目入眼、依御衰日延引事、

十六日　除目入眼事、非巨細、聞書在之、

(8オ)

四月

四月

一日己丑、早旦參室町殿(足利義教)事、節朔人數如例、

廿日　於右大將殿(義教)蹴鞠事、

大饗記

万里小路大納言時房卿大饗記借用消息事、同返報事、

廿四日　吉田祭參向内侍在禁中、服者退出事、

足利義教家司ヲ補ス

廿九日　右大將殿被補家司人〻事、

五月

五月小

一日己未、早旦參右將軍(足利義教)事、

九日　飛鳥井中納言雅世、亭有蹴鞠事、
廿八日　問粟田口(定助)僧正不例事、法流幷院領事、

六月

六月大

一日(戊)庚子、早旦參右大將殿(足利義敎)事、
二日　万里小路大納言(時房)重服人扈從幷候申文事尋問事、
(8ウ)
九日　於右大將殿蹴鞠事、但非巨細、
十一日　時房(萬里小路)卿御拜賀出衣色目被尋問事、同返報事、
定助寂ス
十五日　前大僧正定助入滅事、年七十二、
月蝕
十六日　月蝕事、
十九日　飛鳥井少將雅親大將着陣日少將作法受諷諫事、非巨細、
廿二日　雅親尋問　右大將殿　任大臣召仰以後、於里亭陪膳間事、
足利義敎着陣
廿三日　右大將殿着陣幷任大臣召仰事、人々昇進事、大將着陣巨細次第　次將作法、巨細、

七月

七月小

一日戊午、參右大將殿(足利義教)事、人數如例、　二日　參院(後小松法皇)、御談義了有御連哥事、

三日　來廿五日任大臣節會、右大弁忠長(甘露寺)相催花山院大納言(持忠)事、同請文被示合事、○五卷七十頁參照、

六日　明豊(中御門)御遊笙・笛地下例相尋事、非御所作、堂上与地下付笙・篳篥・笛ホ例事、

七日　參右大將殿事、　今夕於院御樂事、　十日　右大將殿八幡御社(石清水八幡宮)參事、

足利義教石清水八幡宮ニ詣ヅ

十七日　前藤宰相(高倉永藤、法名常充)入道遭母喪可着服哉否事、其躰直綴欤衣袴欤事、

十八日　洞院大納言(實煕)大饗日散位帯劔事尋問事、　廿二日　飛鳥井中納言(雅世)大饗間事尋問事、

廿五日　有任大臣事、人々昇進事、○二條持基任太政大臣、足利義教任內大臣、　內大臣殿(義教)大饗事、同役充事、　御昇進事、

義教內大臣ニ任ゼラル

「(行間補書)廿八日室町殿(義教)參賀事、　頭宮內卿隆遠(鷲尾)朝臣尋問放生會御教書之様注送事、○五卷七十一頁參照、」」

八月

(9オ)

八月大

一日丁亥、早旦參內大臣殿(足利義教)事、人數如例、　憑事、如例年、

依當番參內(後花園天皇)、御方違行幸事、　以頭宮內卿隆遠(鷲尾)朝臣被還任近衞將候御劔事、希代事、先例近將不候之時、以外衞佐爲代事、

二日　頭宮內卿送書狀、俄還任本官(宮內卿)可辭哉否尋問事、

六日　依當番參內候事、

十一日　尺奠事、非巨細、

一條兼良攝政ニ任ゼラル
十三日　攝政(一條兼良)詔宣下事、〇五巻七十二頁參照、

頭右大弁忠長(甘露寺)朝臣內大臣殿御直衣始送御教書事、

兼良ノ任攝政ヲ賀ス
十五日　參攝政亭賀申攝籙事〻、

十六日　駒牽事、參議行事例、〇五巻七十二頁參照、

足利義教攝津兵庫ニ下向ス
十七日　內大臣殿下向攝州兵庫(八部郡)事、爲出渡唐船云〻、

頭中將隆遠朝臣任大臣節會申沙汰間事示合事、非巨細、

廿七日　內大臣殿御直衣始事、

義教左大臣ニ任ゼラル
廿八日　任大臣事、〇義教轉左大臣、大炊御門信宗任內大臣、五巻七十三頁參照、

萬葉注釋
(9ウ)
卅日　万葉注釋終書功、進入左大臣(義教)殿事、

向內府(大炊御門信宗)亭賀任槐事、

左大臣殿富士御覽御留守中、內裏・仙洞(後小松上皇)祗候人數內〻被仰出事、

九月
九月小

一日丁巳、早旦詣左相府(足利義教)殿事、人數如例、

三日　左大臣殿駿州下向俄延引事、

六日　例幣、內藏寮請奏宣下事、
(廣橋)〔卿〕
兼郷〻辭申大理云〻、

九日　早旦參左大臣殿事、如例、

足利義教富士御覽ニ出立ス

十日　左大臣殿富士御覽令赴東海道給事、(後花園天皇)內・(後小松上皇)院參候人〻被仰定事、

廿日　自今日先妣(土岐滿貞女、永享三年九月二十六日沒)周忌法事始行事、

吉服ヲ着ス

廿六日　除服出仕之後猶着凶服、今日吉日於私家着吉服事、

義教歸洛ス

廿八日　左大臣殿自駿州還向給事、人〻參賀事、

十月

十月

(10オ)

一日　早旦參(足利義教)左大臣殿事、人數如例、
平座參仕事、上卿不參、(定親)參議行事、。〔非〕巨細、　○五巻七十四頁參照、

廿日　參(後小松法皇)院、有御連哥事、

二條持基攝政ニ任ゼラル

廿六日　(二條持基)攝政詔宣下事、
(後花園天皇)天皇御元服有內議事、

廿八日　於院殿上天皇御元服有議定事、御元服條〻、巨細、

十一月

十一月大

一日丙辰、早旦參左大臣(足利義教)殿事、

廿二日　內府(大炊御門信宗、本年八月二十八日任內大臣)送使者、來廿七日拜賀可見訪之由、有音信事、

鎭魂祭參仕ス

廿三日　鎭魂祭參仕事、巨細、

廿七日　內府今夜可奏慶、扈從輩事、

十二月

十二月大

一日丙戌、早旦參左大臣(足利義教)殿事、

足利義教氏長者宣下

九日　有宣下事、左大臣殿爲淳和・奬學兩院別當、又爲氏長者并被聽牛車ホ事、○五巻七十五頁參照、

義教拜賀

(10ウ)

今夜左大臣殿轉任(本年八月二十八日轉左大臣)拜賀幷着陣、又有御元服由奉幣日時定事、○五巻七十七頁參照、

日時定、左相府令奉行給事、扈從人〻事、○五巻八十二頁參照、

十四日　藏人權弁(土御門長淳)來廿一日御元服由山陵使送御教書事、○五巻九十頁參照、

天皇(後花園天皇)御元服御遊可參仕之由、御教書事、○五巻九十頁參照、

廿一日　御元服由山陵使交名、今夜於陣可被定事、書使定文事、〇五巻九十一頁参照、

廿九日　頭中將(鷲尾)隆遠朝臣白馬節。會可參仕之由、送御教書事、〇五巻九十一頁参照、

永享五年

永享五年 癸丑、　參議正三位行左近衞權中將藤原(中山定親)朝臣 御判、年卅三、

正月

正月小

一日丙辰、早旦詣聖廟幷慈恩院(深省)住持事、例年之作法也、〇五巻九十二頁参照、

於左大臣(足利義教)殿有親族拜事、雨儀在所事、拜舞如何、可爲二拜事、〇五巻九十二頁参照、

參院(後小松法皇)、御馬御覽幷御牛御覽事、拜礼、依雨可被停止歟、如何事、〇五巻九十四頁参照、

節會事、中納言續内弁之時、於雜事催可仰參議歟事、〇五巻九十六頁参照、

二日　齒固事、〇五巻九十六頁参照、

後花園天皇元服

三日　天皇(後花園天皇)御元服事、条〻巨細、此内有式一巻事、節會・御遊ホ事、〇五巻九十七頁参照、

敍位

男中山親通竝ニ親輔昇敍サル

(11オ)

五日　敍位議事、執筆作(法脱)皆用花山院事、・但非巨細、〇五巻百十二頁参照、

嫡男親通(中山、敍從五位上)。一級、二男親輔(中山)兩人敍爵事、〇五巻百十二頁参照、

六日　參院、畏申兩息一級幷敍爵事、〇五巻百十三頁参照、

七日　節會事、非巨細、一、加賀表署事、不着陣之人加署判事、一、弃同案事、一、宣命使(松木宗繼)中〻不略揖、予略揖事、一、敍列立揚之時、揖有無事、一、表案立所事、一、內弁(義教)取白馬奏立留軒廊之時、過前諸卿氣色、或揖事、○五卷百十四頁參照、

十六日　節會事、非巨細、○五卷百十七頁參照、

十七日　二位入道資忠(白川、法名乘任)卿、參內、於議定所御對面事、布衣袴如何事、○五卷百十七頁參照、

廿日　來廿四日於室町殿可有御鞠之由、被催事、飛鳥井中納言(雅世)消息、○五卷百十七頁參照、

廿二日　於按察大納言(三條西公保)亭有蹴鞠事、○五卷百十八頁參照、

廿三日　於伯二位(雅兼王)亭息少將(白川資益)有合奏始事、○五卷百十八頁參照、

廿四日　於左大臣殿蹴鞠事、非巨細、人數計也、○五卷百十九頁參照、

高麗人室町殿ニ參ル

廿六日　高麗人參左大臣殿事、騎馬廿余人云〻、○五卷百二十頁參照、

廿九日　參院、有猿樂事、○五卷百二十頁參照、

二月

(11ウ)

二月大

一日乙酉、早旦參左大臣殿(足利義教)事、室町、人數如例、○五卷百二十一頁參照、

杜詩談義

二日　向少納言益長(東坊城)朝臣許、聞杜詩談義事、禪徒談之、○五卷百二十二頁參照、

三日　於前攝政(一條兼良)亭有和哥會事、非嚴儀、但巨細(×人〻)作法巨細、〻〻人〻懷帋書樣事、○五卷百二十二頁參照、

依密儀不可有應教之字事、〇五巻百二十五頁參照、

足利義教石清水八幡宮ニ詣ヅ

五日　洞院(實熙)大納言禁裏小番被結改之由、被催事、同請文事、〇五巻百二十六頁參照、

九日　左大臣殿令參詣八幡給事、供奉人數事、〇五巻百二十七頁參照、

十一日　依左大臣殿御願、於北野社有一万句連哥事、於廿个所各五百句云〻、〇五巻百二十八頁參照、

十二日　春日祭事、〇五巻百二十八頁參照、

十三日　室町殿(義教)於御籠所北野社、有和哥法樂百首事、〇五巻百二十八頁參照、

尺奠事、〇五巻百二十九頁參照、

十六日　參室町殿賀申北野參籠始事〻、緇素群參、〇五巻百二十九頁參照、

十八日　參院(後小松法皇)事、依梅花事也、〇五巻百三十頁參照、

廿四日　依當番參內(後花園天皇)事、主上出御泉殿、音樂事、〇五巻百三十一頁參照、

祈年穀奉幣

廿七日　祈年穀奉幣使始神事〻、春日社、〇五巻百三十二頁參照、　廿八日　發遣日也、作法巨細、〇五巻百三十二頁參照、」

(12オ)

廿九日　出門、社參事、〇五巻百三十八頁參照、

三月

三月小

一日　參室町殿(足利義教)事、人數如例、〇五巻百三十九頁參照、

三日　飛鳥井中納言(雅世)來廿七日室町殿(義教)和哥御會可參仕之由、送消息事、内状也、○五巻百四十頁參照、
(永享四年七月二十五日義教任内大臣)丞相以後初度晴御會始云〻、○五巻百四十頁參照、

十三日　於按察大納言(三條西公保)亭有和哥幷蹴鞠會事、○五巻百四十二頁參照、

十四日　頭右大弁忠長(甘露寺)朝臣縣召除目入眼參陣事内〻示送事、○五巻百四十二頁參照、

足利義教伊勢參詣ニ出立ス

十七日　室町殿伊勢詣進發事、人數計也、非巨細、○五巻百四十二頁參照、
四條宰相(油小路隆夏)賀茂祭出車可獻之由、相催事、○五巻百四十三頁參照、
除目、左大臣殿依御參宮延引事、任人不相定故云〻、○五巻百四十三頁參照、

廿一日　室町殿和哥御會哥案少〻注遣雅永(飛鳥井)朝臣許事、爲知同類云〻、○五巻百四十三頁參照、
北野一切經會事、非巨細、○五巻百四十三頁參照、
四条宰相來廿三日攝政(二條持基)復辟可着座之由、相示事、雖非家礼可罷向哉事、○五巻百四十三頁參照、
同事、源重仲(五辻)尋問事、消息案在之、○二十二日條ナラン、五巻百四十四頁參照、

(12ウ)

義教任大臣以後初度和歌御會

廿四日　忠長朝臣除目可參仕之由、送御教書事、書様不審事、○五巻百四十五頁參照、

縣召除目

廿七日　左大臣殿和哥御會事、非巨細、人數計也、殿上人帶劔事、○五巻百四十六頁參照、
今夜除目被始行事、御前初度、又執筆右大臣(近衛房嗣)初度事、○五巻百四十六頁參照、
送頭弁(忠長)許申文事、其躰案文在之、○二十八日條ナラン、五巻百四十七頁參照、

廿八日　束帶、除目中夜參內事、書顯官擧事、〇五卷百四十七頁參照、

廿九日　除目入眼事、〇五卷百四十八頁參照、

四月小

一日甲申、依風病不參室町(足利義教)殿事、〇五卷百五十五頁參照、

　平座事、〇五卷百五十五頁參照、

八日　參院(後小松法皇)有御續哥事、〇五卷百五十七頁參照、

九日　參院御樂事、〇五卷百五十七頁參照、

十二日　賀茂祭警固召仰事、〇五卷百五十九頁參照、

十三日　平野臨時祭事、依警固中可帶弓箭哉事、〇五卷百五十九頁參照、

十四日　賀茂祭事、〇五卷百五十九頁參照、

(13オ)

十七日　室町殿淸和院御參籠無事由、參賀事、〇五卷百六十頁參照、

十九日　自今日誓願寺一七个日參詣事、〇五卷百六十頁參照、

誓願寺七箇日詣

廿一日　於多々須河原有勸進猿樂事、人々乘車見物事、〇五卷百六十頁參照、

糺河原勸進猿樂

廿五日　先考(中山滿親、應永二十八年四月二十五日薨)御遠忌十三回法事々、〇五卷百六十一頁參照、

父中山滿親十三回忌

永享三年辛亥記　永享五年四月　五月　六月　七月　八月

廿八日　向花山院(持忠)事、明日左大臣殿(義敎)可有渡御經營云〻、○五卷百六十二頁參照、

義敎花山院持忠第ニ渡ル

廿九日　花山院左大臣殿渡御事、參會人數事、○五卷百六十三頁參照、

五月

五月大

一日癸丑、室町殿(足利義敎)參賀事、○五卷百六十三頁參照、

花山院大納言持忠參入、畏申昨日渡御事、持參御贈物云〻、○五卷百六十三頁參照、

祈雨奉幣事、非巨細、○五卷百六十三頁參照、

五日　參室町殿事、人數如例、○五卷百六十四頁參照、

參院(後小松法皇)、入夜有和漢御會事、○五卷百六十四頁參照、

六月
七月

六月・(×七)　七月

闕歟、未撰出、

(約三行分空白)

(13ウ)

八月

八月小

一日辛亥、參室町殿(足利義敎)事、人數如例、○五卷百七十二頁參照、

七日　釋奠、參仕事、巨細、○五卷百七十三頁參照、

足利義敎右近衛大將ヲ辭ス

九日　左大臣殿(義敎)令上右近大將辭表給事、其作法巨細、○五卷百七十四頁參照、

十五日　放生會事、○五卷百七十四頁參照、

十六日　駒牽、雨儀間事右少將資益(白川)尋問事、○五卷百七十四頁參照、

龍ヲ夢ム

廿日　夢龍事、○五卷百七十五頁參照、

廿一日　室町殿月次御鞠事、○五卷百七十五頁參照、

廿二日　行事所持來鷲羽廻文事、書様在之、○五卷百七十六頁參照、

飛鳥井雅世勅撰集撰集ヲ命ゼラル

廿五日　和哥集可撰進之由、長淳(土御門)書遣綸旨於飛鳥井中納言(雅世)事、猶可爲院宣歟事、○五卷百七十六頁參照、

廿六日　彗星出現事、○五卷百七十七頁參照、

九月

九月大

(14オ)

一日庚辰、參左相府(足利義敎)殿事、人數如例、○五卷百七十七頁參照、

二日　人々相伴北山邊見懸木事、○五卷百七十七頁參照、

三日　今月廿六日
。先妣(土岐滿貞女、永享三年九月二十六日沒)第三回、僧中龍房談阿弥陀經事、六日・七日・十一日・十五日、一部結願、○五卷百七十七頁參照、

後花園天皇初度和歌御會

九日　內裏(後花園天皇)內々和哥御會事、當代初度事、○五卷百七十八頁參照、

後小松法皇危篤　廿日　法皇(後小松法皇)御惱危急之由、有風聞事、人々馳參事、○五卷百七十九頁參照、

廿一日　藏人左少弁明豐(中御門)百首和哥題可詠進之由、送御教書事、同請文事、○五卷百七十九頁參照、

廿二日　法皇御惱令發御之由、有告事、○五卷百八十頁參照、

廿四日　御惱有御減氣事、○五卷百八十頁參照、

廿五日　御惱次第御減氣、可有御本腹〔復〕欤之事、○五卷百八十一頁參照、

母三回忌佛事　廿六日　先妣御周忌事、○五卷百八十一頁參照、

十月　十月　紛失、

十一月　十一月大

一日庚辰、參左相府(足利義教)殿事、人數如例、○五卷百八十二頁參照、

万里小路大納言(時房)光臨、示合彼御中陰(本年十月二十日後小松天皇崩)間事、○五卷百八十三頁參照、

二日　治部卿資宗(日野西)朝臣爲父卿(日野西國盛)使着服間事示合事、○五卷百八十三頁參照、

(14ウ)

着布衣參後小松院事、○五卷百八十四頁參照、　万里小路大納言言談御佛事間事々、○五卷百八十四頁參照、

三日　御誦經使定文事示送大外記師世(中原)朝臣許事、外記請文事、諸寺諷誦書樣在之、○五卷百八十四頁參照、

後小松天皇二七日佛事

四日　後小松院二七日御誦經事公家(後花園天皇)被始行事、參仕事、巨細、〇五卷百八十六頁參照、
少納言益長(東坊城)朝臣來談、鈍色・柑子色・橡色ホ事尋申前攝政(一條兼良)事、〇五卷百八十八頁參照、
万里小路大納言素服以後着旧院吉服間事有書札事、同返報事、〇五卷百八十九頁參照、
諒闇
旧記ホ勘例条〻、巨細、〇五卷百九十頁參照、

五日〔六〕　頭中將隆遠(鷲尾)朝臣尋問諒闇間事、巨細、〇五卷百九十一頁參照、

六日　主上(後花園天皇)渡御倚廬事、(×云〻)〇五卷百九十一頁參照、

七日　着布衣參院事、人〻凶服事、〇五卷百九十三頁參照、

八日　四辻宰相中將(季保)示送、賜故院素服之人着御服參內之例可注給事、〇五卷百九十三頁參照、

山槐記

山槐記寫遣事、〇五卷百九十三頁參照、

万〻　万里小路大納言示送、素服之時、臨期卷纓事、有書札事、同返報事、巨細、〇五卷百九十四頁參照、

九日　着直衣參內事、卷纓、依警固中也、武官不帶弓箭幷緌例事、於緌〔纓〕者猶卷之例事、〇五卷百九十七頁參照、
參旧院事、直衣(吉服)、于時垂纓、於禁中者卷纓、於他所猶垂之事、〇五卷百九十七頁參照、　人〻凶服沙汰事、〇五卷百九十七頁參照、

後小松天皇三七日佛事
(15オ)

十日　今日三七日事御佛供養事、人〻吉服事、〇五卷百九十八頁參照、

十五日　參旧院事、〇五卷百九十九頁參照、　人〻吉服事、〇五卷百九十九頁參照、

後小松天皇四七日佛事

十六日　今日四七日御經供養事、〇五卷百九十九頁參照、

後小松天皇五七日佛事

廿四日　故院五七日被行七僧法會事、〇五巻二百一頁參照、

廿六日　前藤宰相入道(高倉、法名常充)永藤卿、鈍色幷橡色尋問(尋遣)事、(返答、)有書札事、同素服色事在之、〇五巻二百三頁參照、

十二月

十二月　闕、

永享六年

永享六年甲寅、

參議正三位行左近衞權中將藤原(中山定親)朝臣(御判、)卅四才、

正月

(正月)

諒闇ニ依リ四方拜竝ニ小朝拜停止ス

一日己卯　早旦詣聖廟、次詣考妣(中山滿親)(土岐滿貞女)牌前、今日不出仕事、
依諒闇無四方拜幷小朝拜事、(永享五年十月二十日後小松天皇崩)但猶供御座之例也、　節會被行平座事、
供御藥事、如例、
無左大臣(足利義教)家親族拜、依諒闇也、

二日　今日不出仕事、　殿上淵醉停止事、

四日　參室町殿(義教)事、

六日　詣三寶院(滿濟)、次參伏見宮(貞成親王)事、

(15ウ)
七日　無節會、又不被行平座、是爲例事、
八日　諒闇中大原〔野脱〕祭有無之所見、勸修寺中納言經茂〔成〕卿、尋問事、返報事、

二月　三月　闕、

四月小

一日戊申、參左相府〔足利義教〕殿事、人數如例、　○五卷二百五頁參照、
依賀茂祭典侍〔中山僚子、定親妹〕出立所、自今日始神事〻、立札於門事、書様事、　○五卷二百六頁參照、
二日　典侍月水出來、尋問前神祇大副兼富〔吉田〕朝臣事、返答、巨細、　○五卷二百六頁參照、
飛鳥井中納言〔雅世〕示送御百首、伏見宮幷玉河宮〔長慶天皇皇子〕端作書様事、　○五卷二百六頁參照、
十四日　賀茂祭典侍出立事、雖亮〔諒〕闇出車例事、　○永享五年十月二十日後小松天皇崩、五卷二百七頁參照、
十九日　飛鳥井中納言雅世、御百首少〻到來、被奏覽事、封様事、　○五卷二百七頁參照、
廿三日　百首和哥詠草注遣飛鳥井許事、但非巨細、　○五卷二百七頁參照、
廿六〔五〕日　向飛鳥井中納言第、示合百首和哥事、懷紙寸法ホ事、　○五卷二百八頁參照、

五月

足利義教攝津兵庫ニ下向ス

六月

足利義教唐人ニ謁ス

裏松義資殺害セラル

高倉永藤配流サル

五月大

一日丁丑、參左相府(足利義教)殿事、人數如例、〇五卷二百九頁參照、

(16オ)廿日　洞院(實煕)大納言禁裏番室町殿(義教)兵庫御下向間可勤厚之由、送消息事、〇五卷二百九頁參照、

同請文事、〇五卷二百九頁參照、

唐船幷本朝舟明日依可着岸左相府御下向事、〇五卷二百十頁參照、

廿一日　左相府令下向攝州給事、供奉人數事、〇五卷二百十頁參照、

六月小

一日丁未、參左大臣(足利義教)殿事、〇五卷二百十一頁參照、　今日唐人入洛事、〇五卷二百十一頁參照、

五日　左相府殿唐人對謁事、人々依召參入事、〇五卷二百十一頁參照、

八日　今夜日野前中納言義資(裏松)、爲强盜殺害事、〇五卷二百十二頁參照、

(行間補書)「殿大納言持通(二條、永享五年十二月二十七日任權大納言)・新中納言實雅(正親町三條、永享五年十二月二十七日任權中納言)卿拜賀事、　用吉服事、　又拜有無事、〇五日條ナラン、五卷二百十二頁參照、」

十二日　今朝藏人右少弁重政(裏松)落餝遁世事、〇五卷二百十二頁參照、

今夜捕入道前藤宰相永藤(高倉、法名常充)卿被遣遠國事、〇五卷二百十三頁參照、

義敎ニ粛清セラルル輩多シ

左相府殿政務之後、遭事之輩及數多事、人數在之、〇五巻二百十三頁參照、

七月

七月小

一日丙子　參左大臣(足利義教)殿事、人數如例、〇五巻二百十七頁參照、

八月

(16ウ)

八月

一日　ーー、〇五巻二百十七頁參照、

七日　左中將雅永(飛鳥井)朝臣送消息、示合百首和哥、付奉行職事(中御門明豊)消息事、〇五巻二百十七頁參照、

十六日　駒牽事、依諒闇(永享五年十月二十日後小松天皇崩)吉凶服相交事、〇五巻二百十八頁參照、

十八日　百首和哥付奉行奏覧、調様幷消息案事、〇五巻二百十八頁參照、

九月

九月小

一日乙亥、參左相府(足利義教)殿事、〇五巻二百十九頁參照、

明日可有結政請印、可爲諒闇(永享五年十月二十日後小松天皇崩)裝束歟、依神事可爲吉服歟之事、〇五巻二百十九頁參照、

弟尊助寂ス

八日　予弟權大僧都尊助入滅事、予弟也云〻、〇五巻二百二十頁參照、

十四日　飛鳥井中納言雅世、一品經哥勸進事、(飛鳥井、正長元年十月一日薨)亡父雅縁卿七回也、〇五卷二百二十頁參照、

十月

十月大

一日甲辰、參左相府(足利義教)殿事、〇五卷二百二十三頁參照、

向飛鳥井中納言(雅世)第、有一品經供養事、人〻參會、懷帋書樣事、〇五卷二百二十三頁參照、

日野中納言(廣橋兼郷)神輿入洛之時、人〻可早參內裏由、示送事、〇五卷二百二十四頁參照、

(17オ)

日吉社神輿入洛ス

四日　神輿入洛事、非常之儀、衞府官可帶弓箭事、〇五卷二百二十五頁參照、

[四]五日　至曉天山僧舁弃神輿於坂本逃去了、人〻參室町殿賀申事、〇五卷二百二十五頁參照、

諒闇吉凶服相交事、參賀人〻、〇五卷二百二十五頁參照、

後小松天皇一周忌佛事

廿日　後小松院(永享五年十月二十日後小松天皇崩)周開[忌脫カ]白法事、於旧院有五部大乘經供養事、〇五卷二百二十七頁參照、

廿二日　飛鳥井中納言依室町殿仰新玉津嶋社卅首和哥法樂題到來、消息案事、〇五卷二百二十八頁參照、

同請文事、〇五卷二百二十八頁參照、

十一月

十一月大

日蝕

一日　日蝕也、參左大臣(足利義教)殿事、〇五卷二百二十九頁參照、

四日　中院前中納言通淳、小番事消息到來事、(廣橋兼郷)日野中納言奉書在之、　○五卷二百三十頁參照、

六日　藏人左衞門權佐資任(烏丸、本月一日補藏人)未拜賀以前着衣冠參內不可然事、　○五卷二百三十頁參照、

十六日　平野祭事、○五卷二百三十一頁參照、

廿二日　右衞門督(四條)隆盛、送消息。云、氏寺善勝寺本尊修理勸進事、勸進狀淸書所望事、　○五卷二百三十一頁參照、

廿九日　堯孝僧都尋問女房裝束事、是新玉津嶋社神服調納故也、　○五卷二百三十二頁參照、

十二月

(17ウ)

十二月大

一日甲辰、參左大臣(足利義教)殿事、人數如例、　○五卷二百三十二頁參照、

等持寺御八講

十五日　等持寺御八講第二日事、○五卷二百三十三頁參照、

十八日　同御八講結願事、○五卷二百三十三頁參照、

內侍所御神樂

廿六日　內侍所御神樂事、笛奉仕事、　○五卷二百三十四頁參照、

於勾當內侍(東坊城茂子)局妻有住吉社神寶御覽事、○五卷二百三十四頁參照、

石灰壇御拜事、職事ホ所役事、　○五卷二百三十四頁參照、

內侍所御神樂出御事、笛所作、巨細、　○五卷二百三十四頁參照、

永享七年

永享七年乙卯、

于時第一、參議正三位行左近衞權中將藤原（中山定親）朝臣御判、三十五歲、

正月

正月小建戊寅、

一日甲戌、早旦詣慈恩院（深省）、如例年、依產穢不詣聖廟、追可參事、
着束帶參左大臣殿（足利義教）事、依可有親族拜也、人々參仕事、
諒闇翌年被止此事、然而猶可有之由、一昨日一定了、（永享五年十月二十日後小松天皇崩）
節會見物事、小朝拜以下、巨細、

四日　參左大臣殿事、

（19オ）

叙位

五日　敍位議事、非巨細、下名無位書樣事、
入眼事、巨細上卿進退事、

七日　勸修寺中納言（經成）以消息示合節會間事々、
一、敍位宣命使納言作法事、　一、續內弁押笏紙押之早晚事、
一、粉熟・餛飩事、　一、續內弁可着上內弁兀子哉否事、
一、大將不參之時、白馬奏事、
節會參仕事、条々進退事、

一、頭中將隆遠（鷲尾）朝臣出陣仰內弁之時、經杜內事、依受當家說也、
一、內弁（三條西公保）着靴押笏紙、更歸入着宜陽殿事、常儀立軒廊、給下名之後、着宜陽殿兀子歟事、
一、內侍持下名出居西階上、內弁經庭中、入軒廊東第二間事、多經壇上入軒廊西妻歟事、
一、內弁到西階下指笏昇階、爲先右足昇二（×事）級、以左足踏第三級事、此事被思渡東礼歟事、
一、外弁園中納言（基秀）於陣後着靴事、常儀於床子座立蔀南着之歟事、
一、過床子座前之時不揖、家說也、月輪宰相（基賢）從予作法事、
一、着外弁之時、人〻於幔門外立歸揖于下﨟、予不然事、
一、。（欲）入同幔門、各請益于上卿、予又不然事、
一、各離列入軒廊第三間之時、立歸見來路事、人〻不然事、
一、宣命使着奥、端人共以賜宣命左廻復座事、
一、西階昇降家說事、　一、敍人取位記作法事、
一、床子座經上下作法事、　一、例宣命使〻〻（勤仕）作法事、
一、內弁練齊說事、自左足被進事、
十四日　花山院大納言（持忠）送使者、十六日節會內弁。（殿大納言（二條持通））俄（我）依故障。可參勤之由、被示送事、習礼幷次第新作事、
一、縿裾樣事、　一、直沓事、　一、結文事、
（一脱カ）召官人音事、

一、召內豎音事、　一、召舍人事、　一、練歩事、　一、宣命使事、
一、挿笏於腋事、　一、懷中笏事、　一、徐歩事、此条〻在節會部類記內、

節會部類記

十六日　節會、向花山院習礼事、出門以下見訪事、練様ホ巨細、

三條西公保ト文談ス

十八日　於按察大納言（三條西）公保、亭有文談事、軒号・表德号・道号ホ沙汰事、達号記ト名クル号事、

二月

二月大

一日癸卯、參左大臣（足利義教）殿事、人數如例、今日卯刻左相府殿御産事、若公、

足利義教男誕生ス

（20オ）

四日　依若公事人〻群參相府殿事、

五日　叡山根本中堂回祿事、依閉籠也、　勘例事、

比叡山根本中堂火ク

七日　（松木宗繼）中御門中納言亭作文事依中堂回祿延引事、
洞院大納言實熈、送消息、縣召除目条〻被示談事、件消息在之、　同返報事、

十六日　爲番代參內事、參黒戸、奉仕管絃事、

三月

三月大

一日癸酉、參左相府（足利義教）殿事、人數如例、

縣召除目

三日　參左相府如朔日、

九日　自今夜被始行除目事、予今年不獻申文事、

十日　除目第二夜事、　四条(隆夏)相公示合顯官擧作法ホ事、

以四姓任目之例如何之由、執筆(西園寺公名)被問外記事、執筆無口傳歟之事、

十二日　洞院大納言(實熙)一昨日夜除目議被記之、被謝訛謬事、消息被相添事、

右亞相記中愚意相違条〻事、不被行除目之年當二合之人、後年所爲事、

(20ウ)

十一日　除目入眼依關白(二條持基)衰日延引事、

十二日　除目入眼見物事、巨細、

足利義教石清水八幡宮ニ詣ヅ

廿七日　左相府殿令參八幡給事、非巨細、

廿八日　日野中納言兼鄉(廣橋)送使者、自左相府殿有被仰下之旨「云〻(補書)」、向彼亭事、

一、於內裏可有舞御覽、件舞ホ可計申事、　一、同日舞祿員數事、

一、禁裏御笙始以前舞御覽無子細哉事、　一、後小松院御笙始日(明德三年十一月三日)、鹿苑院(足利義滿)令着座給事、

相府殿(義教)當道不令練習給、不携此道輩候其座例有之哉事、　以上条〻預顧問、引勘旧記、向日野中納言亭事、

舞目六以下巨細在之事、

四月

四月小

一日癸卯、參左大臣殿(足利義教)事、人數如例、

三日　新中納言實雅(正親町三條)、以使者示送、昨日予所書舞目六也(草帋)、外題可書進之由事、　此次舞之內可賜
祿之舞何哉、被尋事、

七日　來十六日舞御覽御前役送・手長女官歟、可爲殿上人歟事、
殿上人勤女官代事頗不便歟事、　猶女官得選可然之事、
予直衣・指貫ホ其色可爲如何樣哉之由、尋遣女工所事、其色、巨細、

(21オ)

十二日　左少弁明豐(中御門)舞御覽御教書示送事、同請文事、　○五卷二百三十六頁參照、

十四日　於伯三位雅兼(白川)、亭有舞御覽習礼事、息資益可遂初參之故也、
中納言宗繼(松木)、傳相府(義教)仰三个条御問題事、各注申詞於折紙、付遣日野(廣橋兼鄉)中納言許事、
被尋仰事、
一、所作人座南北共無難者可爲南方、如何事、
一、陵王依有荒序可被引上者、康曆度爲第五番之由所見、然者爲胡飲酒之次、此条不可有
子細哉事、

一、太平樂依着秦王裝束可移時刻之由、舞人申之、然者其間可被引上他舞、前後可爲何程
哉幷舞次第無定法歟事、
攝家納言及凡家丞相・同納言候簾中、臨期可取祿事可爲如何樣哉事、

任大臣節會　廿二日　今夜任大臣(鷹司房平任内大臣)節會事、号隱文者有文巡方帶事、　○五巻二百三十七頁參照、
雨儀列事、任大臣日蒔繪螺鈿常事也、号有文者巡方事也、隱文者丸鞆事也云〻、○五巻二百三十七頁參照、

五月六月七月　五月　六月　・七月(×闕)　闕、」

八月　(21ウ)　〻七月小（八）

尺奐　八日戊午（丁、）　尺奐也、条〻洞院大納言(實煕)被示合事、其条巨細、
十五日　〻〻旧院(後小松天皇)御所壞渡寢殿已下被支配事、

九月　(行間補書)「九月　闕、」

十月　十月小

一日　參左大臣(足利義教)家、如例、

十八日　勸修寺中納言經成、御八講僧名定・免者ホ參仕、可帶劔笏〔哉〕否事被尋問事、

有書札、同返報事、

廿六日　予立屋立門事、立柱上棟大屋同日不事行、兩日如何事、

十一月

十一月大

日蝕

一日　日蝕事、御祈眞光院禪信僧正有效驗事、

十二月

十二月大

一日　參左相府(足利義教)殿、如例、

十一日　神今食卜合事、

等持院御八講　男中山親輔醍醐水本房ニ入室ス

十四日　等持院八講事、　今日予二男(中山親輔)六、醍醐水本房、小童爲隆濟僧都附弟入室事、

十八日　八講結願事、

後花園天皇御樂始

(22オ)

廿三日　內裏(後花園天皇)御樂始事、御所作初度事、

廿九日　主上蘇合曲御傳受事、御師範隱岐守豐(豐原)久秋、於朝餉間有此事、

今夜內侍所御神樂事、予依催參仕事、巨細、
叡山住侶於室町殿被搦取事、

永享八年

永享八年丙辰、

于時第一、
參議正三位行左近衞權中將藤原朝臣(中山定親)御判、卅六歲、

正月

正月小

北野社ニ詣ヅ

一日戊辰、早旦沐浴、詣天神、次詣慈恩院(深省)、燒香如例年、秉燭程着束帶參左大臣殿(足利義教)、有親族拜事、

節會事、非巨細、

二日 向生氣方有齒固事〻、中山殿(忠親)大略被用元三了、來十一日爲正月節、仍用旧年生氣方、

四日 參左大臣殿事、人數如例、

敍位

五日 敍位議事、非巨細、

七日 節會事、非巨細、 敍人參入之時次將起床子、雖無上階人猶可起歟事、」

(22ウ)
十日 參內事、(後花園天皇)依當番也、 緇素參內事、

左大臣殿令參內給事、

別殿行幸

今夜別殿行幸事、御劔將五位少將有例事、

十二日　向嵯峨香嚴院事、

十五日　少納言益長朝臣(東坊城)入來、加階事示合事、

踏歌節會
男中山親通ヲ
具シ見物ス

十六日　節會、相具小童親通(中山)、見物事、大弁着床子之時、乍向北揖過事、
依雨儀内弁(二條持通)欲堂上之時、於壇上練歩有例事、次將ホ雨儀列事、

孟子談義

十八日　於按察大納言(三條西公保)亭有孟子談義事、人〻參會事、

十九日　左相府御願、於新中納言實雅(正親町三條)第有石清水法樂續哥事、

廿一日　向少納言益長朝臣許、有詩會事、

二月

一日丁酉、參左府(足利義教)事、人數如例、

二日　參和哥所事、撰者幷少將雅親(飛鳥井)・開闔堯孝僧都ホ參入事、

祈年穀奉幣奉
行竝ニ八幡使
家記

五日　洞院大納言(實煕)送書狀、祈年穀奉幣奉行幷八幡使家記所望事、

足利義教正親
町三條實雅第
ニ渡ル

九日　左府令渡新中納言(正親町三條實雅)亭給事、予參會、

(23オ)

十一日　明日法樂詠哥事、

尺奠事、　明日春日祭事、

義教男誕生ス

十二日　左相府殿有御産若公、獻銀劔事、

祈年穀奉幣使被發遣事、勸修寺中納言(經成)送消息、同使作法尋問事、(×云々)

堀川大納言殿次第

同返報事、巨細堀川大納言(藤原兼宗)殿次第借遣了、

義教御願ノ百首續歌アリ

廿一日　左府御願百首續哥事、大神宮、

廿四日　同御願、於新中納言第有石淸水法樂和哥事、

三月

三月大

一日　詣左府(足利義教)第事、人數如例、

三日　詣左府殿事、

足利義教室正親町三條尹子大神宮ニ詣ヅ

四日　左府上(正親町三條尹子)自今夕於新中納言(正親町三條實雅、尹子兄)亭被始神事々、明後日參大神宮給故也、

今朝女房(尹子)參詣伊勢事、

人々相伴參和哥所事、

一條兼良ニ大內持世ヘノ合力ヲ命ズ

五日　新中納言(正親町三條實雅)送使、大內修理大夫(持世)合力事可下知土左幡多(幡多郡・高岡郡)之由、可申前攝政(一條兼良)事、

着直衣參內(後花園天皇)事、　於御殿被行愛染王法事、阿闍梨前大僧正義賢、

六日　廿一日左大臣殿八幡御詣供奉右兵衞權佐俊秀(坊城)、裝束事勸中納言(勸修寺經成)尋問事、

（23ウ）
八日　依御樂參內事、　御修法愛染、初夜時畢事始了、

十一日　頭右大弁忠長（甘露寺）朝臣送御教書云、自明日縣召除目可參仕事、件書様不審事、　○五卷二百三十八頁參照、

縣召除目

十二日　被始行除目事、　獻申文事、案在之、名・國共替、

四月

一日　參左大臣（足利義教）殿事、人數如例、

平座事、

毛詩

三日　向清大外記業忠（清原）宅、聞毛詩事、

孟子

六日　向按察大納言（三條西公保）許、聞孟子談義事、「（補書）業忠講之、」　相伴右少將雅親（飛鳥井）參和歌所事、

於御學問所簀子業忠講孟子事、

左傳

七日　向業忠許、聞左傳事、

山槐記

十六日　大夫將監景藤（山井）來示久我前內府（清通）所被傳示之事、是依彼家相傳、胡飲酒代〻舞哉事也、

山槐記委注（取要）之遺（送）事、

五月

五月大

一日丙寅、參左大臣(足利義教)殿事、

(24オ)二日　參和哥所事、　日野中納言(廣橋兼郷)傳相府(義教)殿命云、大般若法結願可爲來九日可參入之事、　卽遣請文事、

九日　着束帶參左大臣殿事、依大般若法結願也、

十三日　旧屋作續西庇事、「尋問」(補書)在貞(賀茂)朝臣并業忠勘例(返答)事、　○五卷二百三十九頁參照、

十九日　予・頭右大弁忠長(甘露寺)朝臣事、

廿四日　被行祈雨奉幣事、

廿七日　新中納言實雅(正親町三條)、送使者云、祈雨奉幣可相觸諸社之由、有左府仰事、○五卷二百四十頁參照、

予書土代并府案朩〔符〕事、如此事先例職事觸仰也、近來傳奏人直仰之、不甘心事、　○五卷二百四十頁參照、

私云、

講尺於所〻連日雖有之、前後略之了、

閏五月

左傳

閏五月小

一日丙申、參左府(足利義教)事、人數如例、

六日　讀書左傳、午刻向業忠(清原)許、聞左傳事、此次參和哥所事、

七日　未明着直衣參左相府殿事、依大般若經法日中結願也、

六月

祈雨奉幣ニ日野一門ヲ除カルベシ

祈雨御祈

七月

六月

一日乙丑、參左相府(足利義教)殿事、如例、

(24ウ)五日　祈雨奉幣、傳奏存知ゝゝ可奉行之由、新中納言(正親町三條實雅)傳左大臣殿命事、　即下知頭中將(鷲尾隆遠)事、散狀、除日野一門輩注「進事、是依祈雨憚日字也、○五巻二百四十三頁參照、

奉幣弁不參之例、大外記業忠(清原)勘例事、

六日　祈雨御祈可相觸諸社・諸寺之由、有左相府殿仰事、於諸寺者近來三寶院(義賢)被相觸、猶可存知之由、被仰出事、

七日　祈雨事近年儀依不審、向万里小路大納言(時房)・勸修寺中納言(經成)・日野中納言(廣橋兼郷)第ホ、相尋事、

十二日　請雨御祈七个日中有小驗事、

十七日　明日故少將(中山、定親弟、應永三十一年六月十四日卒)有親朝臣十三回修小佛事ゝ、

廿五日　左大臣殿參內(後花園天皇)事、

七月小

一日乙未、參左丞相(足利義教)殿事、如例、

二日　參和哥所事、

杜詩談義
尚書

五日　於按察(三條西公保)許有杜詩談義事、相國寺僧談之、聽衆如尚書事、

(25オ)
六日　雨御祈可結願之由、傳左府御命相觸事、

十三日　藏人權右少弁長淳(土御門)送御教書云、尺奠分配事、來月四日也、　○五卷二百四十四頁參照、

十九日　尺奠請文事、日付今日(×何日)也、　○五卷二百四十四頁參照、

廿六日　新中納言(正親町三條實雅)月次法樂和哥依右京大夫(細川)持之朝臣所勞延引事、

廿九日　頭中將隆遠(鷲尾)朝臣石淸水放生會御教書到來事、同請文事、　○五卷二百四十五頁參照、

八月

八月小

一日甲子、參左大臣(足利義教)殿事、進物如例年、

釋奠

四日　尺奠事予依爲分配整束帶參官廳事、巨細、

五日　左相府以道服五具被遣新中納言(正親町三條實雅)許、可着用之輩可頒給事、
　支配人數事、按察

十日　早旦依當番參內(後花園天皇)事、洞院亞相(實熙)依張行終夜有聯句事、予出上句事、

十四日　八幡下向事、

十五日　放生會事、

十九日　參和哥所事、

(25ウ)
廿五日　聖護院僧正満意准后、有左相府御命遣消息礼節如何事、新中納言實雅示合事、　○五巻二百四十六頁參照、

九月

九月大

一日癸巳、參左相府(足利義教)殿事、如例、

太平記ヲ書寫ス

四日　太平記終書寫、進入内裏(後花園天皇)事、付勾當(東坊城茂子)内侍、

五日　於左大臣殿第大法尊星王、結願可參入之由、被催事、申領狀事、

晩頭向飛鳥井中納言(雅世)亭、有蹴鞠事、

七日　例幣參行神事從何日可始哉事、

十日　着直衣參左大臣殿事、始着濃淺黄直衣、於指貫者猶用薄色綾了、依尊星法也、

十五日　於新中納言(正親町三條實雅)第有月次御法樂和哥事、如例、

左大臣殿密〻以新中納言明年行幸間事被尋仰事、

御幸還御之後、御衣被送進之時、御衣櫃可爲長櫃歟、如何事、

斯波義郷卒ス

廿八日　新中納言問所勞事、　治ア大輔(斯波)義郷落馬死去事、左相府殿令向彼第給事、

卅日　治部大輔死去(×了)向彼第弔事、依予喪家不候番、此事示合伯三位(雅兼王)、

延暦寺根本中堂立柱上棟

武家傳奏ヲ命ゼラル

足利義教ヨリ所領ヲ賜ハル

(26オ)

十月小

一日癸亥、早旦參左相府(足利義教)殿事、如例、
黄昏之程參左府、賜餅退出、　內裏御倉切(符)付勾當內侍(東坊城茂子)申出事、
九日　今日辰刻於仗座被定延暦寺根本中堂立柱上棟日時事、勘文在之、
十一日　根本中堂立柱上棟事、勅使參向事、
十三日　亥子如前事、
十五日　伊勢守貞國(伊勢)奉左相府命云、日野中納言兼鄉(廣橋)、致沙汰事ホ悉可申沙汰由、被仰、予迷是非申畏
承之由事、
十六日　參左大臣殿參御前御修法修中御加持日事伺定事、
頭中將隆遠(鷲尾)朝臣付賜春日祭上卿・使御點書立事、
廿八日　頭中將隆遠朝臣持來延暦寺授戒和上寺解幷座主(義承)擧狀ホ、伺申左相殿事、
今日從室町殿賜知行十二个所事、即賜御判、進銀劔事、
廿九日　參左大臣殿、日前宮幷春日社・興福寺ホ奉行事被仰出事、

十一月

(26ウ)
十一月大

一日壬辰、參左大臣殿(足利義教)事、如例、左中弁資親(日野)朝臣被召出。後初參事、

二日　參左大臣殿、伺申延曆寺授戒和上事〻、

晡時勸修寺慈恩院〔尊〕僧正(弘繼)入來事、當時東寺一長者也、

五日　春日祭事、　平野祭事、弁不參事、

六日　參左相府殿、山門使節某申延曆寺十一月會探題事、同宣下案事、　○五卷二百四十八頁參照、

七日　於新中納言(正親町三條實雅)第有月次御法樂事、左大臣家御願、

九日　以肥前守(飯尾)爲種被仰鴨社立柱上棟日時定事、

鹿島社神輿上洛ノ風聞アリ

以大和守(飯尾)貞連被仰自駿州注進捧鹿嶋大明神〻輿稱上洛事、自鎌倉左兵衞督(足利持氏)相支云〻、此事有先例哉、可尋問官・外記之由事、兩局共無先例由、申之事、但有准據事、

大炊御門信宗來ル
大臣參議ノ家來臨ノ例未詳

十一日　隆遠(鷲尾)朝臣付給鴨社日時定。上卿幷弁書立可申出御點之由、示送事、

前內府(大炊御門信宗)光臨、大臣向參議之家例未詳、以今案饗應事、

藏人權右少弁長淳(土御門)內侍所御神樂奉行、件日次幷貢馬傳奏事伺申左大臣殿事、」

(36オ)
十四日　自內裏(後花園天皇)被尋下陰陽頭在成(賀茂)朝臣奉仕日御撫物、如何事、

十五日　於新中納言第有法樂和哥事、如先〻、

十六日　參左大臣殿、進入吉田祭散狀事、

十八日　參左大臣殿、頭中將(隆遠)申鴨社立柱上棟日時定、上卿以下申定御點事、今日當日也、

十九日　藏人右少弁資任(烏丸)豐明平座幷園韓神祭上卿ホ交名可申出御點由、示送事、

藏人權弁長淳送大原野祭散狀事、依飛鳥井中納言(雅世)故障、相語中御門中納言(松木宗繼)事、

足利義教男着袴

廿日　昨日左大臣殿若君御着袴事、人〻獻銀劒事、

自內裏被進銀劒事、

廿一日　源俊康申遠江守事可宣下之由、從左相府殿被仰事、○五卷二百四十八頁參照、

廿四日　藏人權弁長淳所進鎭魂祭散狀幷資任所進之新嘗祭散狀ホ進入室町殿(義教)事、

廿五日　自內裏所被遣之御劒・御馬ホ相具參入左相府殿事、卽申御返事〻、

今日惣在廳慶暹威儀師以書狀送御八講僧名事、

廿六日　中御門宗繼、申主上万秋樂曲御相傳事、○五卷二百四十九頁參照、

(36ウ)

興福寺別當覺雅法印入來、被示來月ホ持寺御八講參事被仰下、難着座他僧下之由事、

廿七日　隆遠朝臣持來藏人頭幷六位藏人〻躰書立披露室町殿事、

卅日　參左相府殿、申資親朝臣可經歷藏人頭之由事、

民部少輔以盛(薄)男小童可進藏人欤事申領狀事、

十二月

永享八年

十二月大

一日壬戌、參相府殿(足利義教)事、如例、

二日　資親(日野)朝臣爲畏申藏人頭事、　前右衞門佐持經(慈光寺)爲畏申藏人事、　各參入有御對面事、

今月等持寺御八講僧名幷上卿事、覺雅法印今年補興福寺別當、不着他僧下流例之由、申之事、

此次公卿・殿上人ホ近年參入輩書立、入見參事、以上、伺申室町殿(義教)事、

六日　頭弁資親朝臣從上四位事以消息仰藏人權弁長淳(土御門)事、○五卷二百五十頁參照、

參相府殿申三ケ条事、主上(後花園天皇)万秋樂御傳受条〻、內侍所御神樂事、貢馬傳奏事、

七日　頭中將隆遠(鷲尾)朝臣來談殿上管領事、就上首羽林方殿上管領所見事、○五卷二百五十頁參照、

藏人左少弁明豐(中御門)入來、歲末御修法申沙汰之儀相談事、

(65オ)

貢馬用脚事示遣飯尾大和守(貞連)許事、同支配事、　○五卷二百五十一頁參照、

殿上管領事示遣頭弁(資親)許事、○五卷二百五十二頁參照、

八日　參相府殿、殿上管領事。猶可爲頭弁之由、被仰下事、

九日　元三御服要脚申沙汰事、自勾當內侍(東坊城茂子)催促事、

內侍所御神樂可爲廿六日事、

十日　依赤日不出仕事、

曲御傳受之時、先〻自武家被進御劔哉事、

十一日　內裏歳末御修法阿闍梨可爲誰人哉事、可爲隨心院僧正祐嚴、由、室町殿仰事、〇五卷二百五十三頁參照、

藏人右少弁資任(烏丸)月次祭・神今食ホ散狀進入事、

十二日　貢馬要脚事申三寶院(義賢)事、〇五卷二百五十三頁參照、

秦延有持來貢馬御覽御隨身交名事、

十三日　主上曲御傳受之時、自武家被獻御劔蒔繪野太刀、幷御馬、件御馬御師範賜之事、

十四日　參相府殿、進御八講散狀幷僧名事、綱所所注進也、

證義一人例相尋綱所事、連綿之由、申之事、

等持寺御八講

(65ウ)

十五日　御八講始行事、

十六日　同事、

十七日　同事、

十八日　同事、參室町殿、申出御願文御署(×事)事、

家秋(豐原)來申、久秋(豐原)依万秋樂御傳受被敍一階(正五位下)、被超越不便至由事、〇五卷二百五十三頁參照、

藏人左少弁明豐元日節會公卿以下御點可申出之由、示談事、
頭弁資親朝臣敍位執筆御點事示合事、
樂人景親(山井)・景淸(山井)ホ來欝訴超越間事〻、

十九日　參左大臣殿(義教)、禁裏御粥頭役申沙汰事、付勾當內侍申入事、
家秋雖被付上、猶久秋申狀、依有先例口宣被召返、家秋失面目事、
今日月次御法樂相府御頭役事、相府不令臨席給事、
內裏元三御服用途自武家被進之、直遣內藏寮事、

廿日　參左大臣殿、進覽家秋所領注文幷北野日供奉行人躰書立ホ事、
敍位執筆御點万里小路大納言(時房)、關白(二條持基)被加書立名家輩、如何事、
元日節會御點事、」

(28オ)
海住山淸房足利義教ノ勘氣ヲ蒙ル

阿野侍從實治、依武家執奏參內事、幷入小番事
左大弁宰相(海住山淸房)不立朝用武家被止經廻事、靑蓮院門恩被充行業忠(淸原)事、
參左相府殿、節分夜以豆打四方事、可打始方、。新年旧年歲德方可打始安・賀兩流輩事、被相尋○二十二日條ナラン、五卷二百五十四頁參照、

廿三日　相具侍從實治參內事、於議定所御對面、侍從昇殿事下知頭中將事、○五卷二百五十五頁參照、

廿四日　舞人多久頼被召出之後未出仕、内侍所御神樂可相從歟、如何事伺申室町殿事、
元日節會實（橋本）郷朝臣申故障事、
廿六日　參相府殿、進入内侍所御神樂散狀、次歳末御參内可爲明日歟之由、伺申事、
家秋御免事相具參入室町殿事、
明日早旦可有御參内、如先〻御直廬用意事示送勾當内侍許事、
明日御參内掃除事以使者仰遣武家所侍代（司）許事、
廿七日　參相府殿伺申貢馬支配樣事、次敍位御點申之事、
諸家・諸門群參事、
着直衣參内、仰隆遠朝臣令催沙汰御裝束儀事、依貢馬御覽也、
足利義教初メテ貢馬御覽ニ參仕ス
左大臣殿今日貢馬參内、初度也、被進御劍・御馬事、
(28ウ)
廿九日　參相府殿進入宸筆貢馬支配、又申白馬・踏哥節會〻御點事、
貢馬乘尻所作神妙之由、有御感、依仰召御隨身尋問交名事、
卅日　參左大臣殿進入追儺幷元日節會散狀事、
御冠師持來御冠、以消息進勾當内侍局事、

永享九年

永享九年丁巳、

參議正三位行左近衛權中將藤原朝臣(中山定親)御判、卅七才、

正月

正月小建壬寅、

一日壬辰、寅刻詣聖廟、次詣慈恩院(深省)、燒香、如例、
早旦參左相府(足利義教)殿事、今年始朔日所參入也、
秉燭之間着束帶參左大臣殿事、是依親族拜也、　人〻作法事、
節會事、內弁(花山院持忠)謝座頗過東方、至左將陣西頭云〻、若是被思渡東礼欤事、實鄉(橋本)朝臣臨期不付璽內侍、又雅永(飛鳥井)朝臣不候脂燭事比興也、爲隆遠(鷲尾)之上臈故(×也)也云〻、

二日　參相府(義教)殿、事次進入淵醉散狀事、
今夜淵醉事、管領頭乱位次可着上臈頭上無謂事、頭中將(隆遠)与頭弁(日野資親)問答事、

三日　參左大臣殿事、

(51オ)
四日　參左相府殿事、　秉燭之程着直衣參內、出御(後花園天皇)於議定所、有御」盃事、人〻參入事、三獻了退出、
頭弁來臨、明日敍位所望折紙持來事、

五日　參左大臣殿、進入四位大外記師勝(中原)朝臣所進之敍位十年勞、次頭弁所進之敍位散狀事、
又伺申敍人事、　又源氏御申文御署申出事、三条大納言實量作進事、

今夜敍位議事、

大外記師勝朝臣持來敍位聞書進入左相府殿事、

六日　頭弁資親朝臣來談加敍〻人事、〔書様在之、〕

七日　節會事、〔散狀進室町殿（義教）事、〕

八日　參左大臣殿進入加敍聞書事、　此次依犬死穢十日御參內可有延引由、被仰出事、

十日　未明參左大臣殿事、　緇素群參事、　予於門下依示犬死穢各先參內事、

左相府殿十六日參內、公事日御直衣如何之由、尋申前攝政（一條兼良）事、　刻限以前不可有難之由、

被答事、」

（51ウ）

▨〔忌〕日參內事、　不參墳墓者非神事日不可有苦事、

十一日　南都僧綱ホ參入左相府殿事、

十六日　明日參內依射事可有延引之由、被仰事、

於新中納言（正親町三條實雅）第有法樂和哥事、〔被出御製、人數如先〻事、〕

着束帶參節會事、〔凡家大納言內弁之時、攝家同官人候外弁之例、於旧例者連綿、近來希有事、〕

腋御膳奉行職事早出、奇恠（×事）事、

廿一日　於北陣童名見物事、　白河二位（資忠、法名乘任）入道雜談事、

足利義教ニ九州靜謐ヲ賀ス
義教青蓮院ニ渡ル

廿三日　參左相、九州靜謐事公武群參、獻御劔賀申事、
廿五日　相府殿令渡青蓮院（義快）給、予參會事、
廿六日　廿八日左大臣殿御參內、陣中掃除事仰武家侍所（一色義貫）事、
廿八（七）日　明日大臣殿參內、件御引出物御馬事示送右大將（西園寺公名）許事、
廿八日　左相府令參內給事、巨細、
廿九日　早旦參相府、入見參退出事、去夜前駈經康（高階）依遲參被召籠之、今朝有宥免、向後不可被召仕之由、被仰事、

二月

二月大

（52オ）
一日辛酉、參左相府（足利義教）第事、如例、
二日　藏人左少弁明豐（中御門）春日祭上卿・使ホ書立、可申御點之由、來談事、
頭弁資親（日野）朝臣送尺奠參議・少納言・弁ホ御點書立事、
頭中將隆遠（鷲尾）朝臣送大原野祭上卿御點書立事、
以上明日答可申出之由事、
三日　參左相府、入見參申昨日条〻事、
四日　參相府（義教）進入祈年祭散狀事、

勾當內侍局(東坊城茂子)奉仰云、員能法眼可進入御藥事、自武家(義教)被召進事、
洞院大納言(實熈)大原野祭參行事依所勞申障事、
左中將實鄕朝臣(橋本)春日祭使爲重喪、可得其意之由、示送事、
仁和寺一品宮(永助法親王)御所勞可申入室町殿由、有御使事、

五日　參相府、御腹氣如何之由、以予令申內(後花園天皇)給事、
春日祭使書加源氏輩、異姓旧例勿論事、近代使多不着祓戸幷庭座、是与弁相論座次、雖無
其謂已流例事、　又使所役只昇御棚許也、於異姓使者不昇、氏人參入可然事、」

(52ウ)

万里小路大納言(時房)尺奠相當大原野祭可有延引歟之由、示送事、(十七日)中丁延引事、
旧冬如此之事可在叡慮之由、被仰下、內々申入禁裏事、

七日　相府御室(永助法親王)御所勞令問給事、

十一日　御室一品宮今曉令入滅給事、今日依春日祭不能奏聞事、

永助法親王寂ス

十二日　春日祭事、
昨日仁和寺一品永助法親王薨給、近代薨奏無沙汰事、又無廢朝之儀事、

十五日　參相府、申祈年穀奉幣使御點事、被懸御爪點事、

十七日　參左大臣殿、進入園韓神祭散狀事、　退出以後向三寶院(義賢)、示合御祈事々、

十九日　大原野祭依上卿服薬日數在近、延引今日事、

廿一日　明日祈年穀奉幣使社充進入室町殿（義教）事、
賀茂神主富久（賀茂）自內裏御鞠壺猫搔事被仰下、得其意可申入之由、申之事、

祈年穀奉幣

廿二日　祈年穀奉幣被發遣事、

廿三日　參相府、伺申頭弁申除目執筆御點幷頭中將申內裏春季御修法事、
左衞門尉源持邦大和守宣下事從相府被仰下事、○五巻二百五十七頁參照、
資親朝臣來談、除目執筆。右府近衞（房嗣）且領狀事、
藤大納言俊宗（武者小路）、內裏小番旧年着到被持來事、

廿七日　御修法阿闍梨可爲地藏院僧正持圓（持圓）由、被仰事、○五巻二百五十八頁參照、
相府渡御妙法院（明仁法親王）事、予參會事、

足利義教妙法院ニ渡ル

（53オ）

三月

三月

一日　參左相府殿（足利義教）、入見參事、

足利義教梶井義承房ニ渡ル

二日　大臣殿（義教）令渡梶井僧正（義承）御房給事、

四日　參相府、今月下旬八幡宮御社參日次可相尋由、被仰事、

（53ウ）

五日　中務少丞平恒勝・民ア少丞平親昭・左衞門尉平政重ホ宣下事、〇五卷二百五十九頁參照、

六日　參相府殿、北野一切經會上卿已下申御點事、　除目筥文公卿御點事、

賀茂祭傳奏事、

伯三位(雅兼王)中稻荷社司ホ申祭礼料地口勅裁(後花園天皇)事、伺申室町殿(義敎)事、　〇五卷二百六十頁參照、

院廳前加賀守定直(島田)申來十三日後白河院(建久三年三月十三日崩)御國忌事、同前、

飯尾肥前守爲種奉仰云、鴨社神服裁縫之女其職改易事、

十七日　万里小路大納言賀茂傳奏事畏申由可披露室町殿由、被來談事、　仍三个条伺申事、　予妹

典侍(中山)僚子、相當女使巡役事、但不可叶事、」

參左大臣殿、有御對面、賀茂祭三个条幷平座御點伺申事、

万里小路大納言示送、祭近衞使例年定役不可及達上聞歟之由事、　同返報事、

十八日　從五位下源敎貫號一色七郎、宮內大輔宣下事、〇五卷二百六十頁參照、

八幡祠官某號駿河小路、來入、今度御社參社務(宋淸)幷權別當悉爲服解(暇)、如某字號西竹、望申歟、我爲上﨟、

無超越樣可申沙汰之由、示談事、

廿日　伺申明日御社參刻限ホ事、　四位大外記師勝(中原)朝臣除目闕官帳稱可傳進左相府之由事、

侍從實治(阿野)稱五位中將幷直任中將事、　右衞門督隆盛(四條)送消息、除目次昇進所望事、

資任(烏丸)送北野一切經會散狀明日可進入事、

義教石清水八幡宮ニ詣ヅ

廿一日　今日左相府殿石清水御參詣事、但非巨細、〇五巻二百六十一頁參照、

義教北野社ニ參籠ス

廿二日　自今日北野社御參籠事、日〻參御參籠所事、

縣召除目

廿四日　頭弁資親(日野)朝臣除目任人伺申次(〆之)、所望之輩ホ注一紙獻之事、

義教ノ申文ヲ書ク

武家(義教)御申文御署予書進之。申出御署事、御申文案在之、同調樣注之、

勸修寺經成薨ズ

權中納言經成(勸修寺)卿薨事、朝重臣、尤可悲事、

廿六日　除目入眼依御衰日延引可爲明夜事、

(54オ)

高山寺方便智院茶ヲ禁裏ニ獻上ス

廿七日　未明參御參籠所、天曙之程御社參、即還御、予又參室町殿事、

栂尾東坊御茶廿七袋進入禁裏事、目錄在之、

勸修寺經成ノ遺兒ノ扶助ヲ依賴サル

故勸修寺中納言經成、去廿四日逝去、青侍某來入、予謁之、遺跡間事嫡男(勸修寺教秀)十二歲相憑之由、談合事、」

是依彼卿年來知音也、

除目入眼事、

廿八日　參相府殿、進入除目小折紙事、　又伺申山門當季受戒和上宣事、〇五巻二百八十一頁參照、

後花園天皇初度御鞠始

今日內〻禁裏(後花園天皇)御鞠始、御所中掃除事、　御懸壺飛鳥井中納言(雅世)申沙汰事、

御鞠申半刻許事始、當代初度事、作法巨細、但堅固密〻儀也、〇五巻二百八十二頁參照、

自左相府被〔進脱カ〕銀劔・御馬事、今日人〻同進銀劔於内裏、未曾有事也、但依相府命也、不能左右事、○五巻二百八十三頁参照、

四月大

一日庚申、參左相府（足利義教）事、進入平座散狀事、

二日 參相府（義教）、進入梅宮祭散狀事、

四日 參相府、申伯三位（雅兼王）申賀茂祭料御馬・御牛・御鞦ホ如年〻可申出之由事、

五日 參相府、吉田祭上卿申御點事、

（54ウ）

六日 按察大納言（三條西公保）奉勅定可有御鞠𠍱可參之由、示送事、

七日 紀伊國造行長（紀）申神領人夫守護譴責免除御下知事、示合武家奉行事、

於内裏（後花園天皇）有御鞠事、

和歌所ニ參ル

八日 万里小路大納言（時房）賀茂祭出車、〻副一人・雨皮・張筵ホ借用事、

參和哥所事、

春日社怪異

九日 資任（烏丸）南曹弁也、春日社羽蟻立之由、注進事、先〻沙汰之様、尋陰陽頭（賀茂在成）事、

十日 參相府、申賀茂祭解陣上卿御點事、 又伺申春日社羽蟻事、○六巻一頁参照、

十一日 天台二會講師宣下事、

十三日　參相府、進入平野祭・日吉祭・賀茂祭警固ホ散狀事、
今年冬可有行幸室町殿間事初被仰下事、子細注別記事、
依召參相府、延曆寺六月會資任弁官之間每年可參向由、被仰出事、
伯三位申、賀茂祭料御牛召仰御牛飼事、於御馬者召仰御厩者事、
進入同祭散狀事、　平氏安左衞門尉宣下事、〇六卷二頁參照、

十五日　參相府殿、進入解陣散狀事、

弘繼寂ス

十七日　東寺一長者前大僧正弘繼入滅、慈尊院也、昨日送辭狀事、

(42オ)

十九日　禁裏御馬二疋被遣相府事、是依御會所幷厩ホ移徙也、

相國寺法堂立柱上棟

廿日　相國寺法堂立棟事、人〻參賀相府事、

廿一日　自相府拜領所〻知行內法成寺境內有吉田社領可閣之由、加下知事、

廿二日　三寶院僧正義賢、送使者、東寺長者事被申入事、

廿三日　今夜被行內侍所臨時御神樂事、

父中山滿親十七回忌佛事

廿五日　所勞以後初參相府事、　又今日先考(中山滿親、應永二十八年四月二十六日薨)遠忌當十七年修法事、
近來世俗号十七年、此事無所據、雖然習世俗風事、參詣墳墓事、

足利義教後花園天皇政務勅定アルベキ由ヲ仰ス

廿七日　參相府、入見參、諸公事・諸社祭ホ上卿事任次第巡役可勤仕、禁裏(後花園天皇)御成人之上者、向後只

可在勅定由、被仰下事、

廿八日　參相府、被仰云、日來如移徙人〻持來太刀之時、自禁裏同被下之、頗不便事也、被下御使至極也、向後細〻被下御劒事可申止之由、被仰事、

廿九日　延暦寺二會講師宣下事、座主(義承)付賜寺解事、〇六巻二頁參照、

卅日　依御樂着直衣參內事、

五月大

一日庚寅、參相府(足利義教)殿事、人數如例、

(42ウ)

二日　向新中納言(正親町三條實雅)第、密語云、來十三日相府殿可令參詣春日社給事、

四日　春日社御參詣供奉人ホ事可相觸由、被仰出事、委細注別記事、

從內裏(後花園天皇)被遣藥玉於相府幷若公(足利義勝)、予持參事、

五日　參左相府(義教)、構見參事、人數大概如朔日、　二﨟出納職豐(中原)持來節供醴酒事、

室町殿(義教)以下持向所〻云〻、　賜祿物事、銀劒也、

六日　依召參相府、有御對面、御扇十本令進內裏給事、

八日　東寺一長者事被尋申三寶院(義賢)事、　平持盛(仁科)彈正少弼宣下事、〇六巻三頁參照、

二會講師宣旨未到、自座主(義承)催促事、

東寺一長者ヲ補ス

十二日　東寺一長者、二長者房仲僧正任次第可被補事、房仲醍醐金剛王院也、

豐受神宮ニ怪異アリ

祭主三位(藤波)淸忠卿去月廿八日豐受太神宮御前池水變爲黑色由、注進事、○六卷四頁參照、

同獻占文事、○六卷四頁參照、

十三日　東寺一長者必奉御持例也、付職事可被宣下事、又可被渡御本尊・御衣木事、○六卷四頁參照、

召惣在廳慶暹問東寺〻務宣下間事、又二長者轉一之儀事、○六卷四頁參照、

被宣下条〻(符)府案在之、○六卷五頁參照、

十六日　內裏當季御修法阿闍梨可爲隨心院(祐嚴)之由、被仰事、

(43オ)

十七日　延曆寺六月會弁事示合新中納言事、

十八日　三寶院僧正賜使被示云、一長者事於法務宣旨幷御持御教書可到來、一長者未被宣下事、

自三寶院被送之、東寺加任長者轉一長者宣下案事、○六卷九頁參照、

廿日　於禁中被行御修法事、阿闍梨前大僧正祐嚴、号隨心院、

廿五日　參相府、被仰止雨奉幣可申沙汰由事、○六卷十頁參照、

寅日神事不可苦由、在(賀茂)成朝臣返答事、　止雨奉幣宣命事內記依禁忌儒弁可勘進歟之事、

廿七日　天台三會講師宣下、示遣頭中將(鷲尾隆遠)許事、○六卷十頁參照、

毛詩

廿日　近來於室町殿御第者輕服暇中人不被相憚之事、
清大外記業忠（清原）參御學問所簀子、談毛詩事、人〻丁聞〔聽〕事、

（約五行分空白）

（43ウ）

（空白）

（44オ）

六月

六月小

一日庚申、參左大臣（足利義教）殿事、如例、　自造酒司持來醴酒事、不及賜祿、

陣官人屋敷地口免除申狀ヲ持來ル

二日　陣官人持來屋敷地口免除申狀事、示遣武家奉行事、
和哥所開闔堯孝僧都來云、撰者依輕服暫不可參內（後花園天皇）、又今月至十二日爲御神事、法躰有憚數日被閣、不可然事、蒙別勅參內可然事、
陣官人ホ住宅地口事無御免者、止雨奉幣不可懃仕之由、捧訴狀事局務（中原師勝）執申事、

五日　主上有御霜腹氣、員能法眼御脉事、　御神事以前法躰不可有憚事、

正親町三條實雅ト清談ス榮花物語ト世繼ト一物ナリ

七日　於新中納言（正親町三條實雅）亭清談、榮花物語与世繼爲一物事、
藤原（上杉）清方兵庫頭宣下事、〇六卷十一頁參照、
信州住人、源高景号高梨刑ア少輔、申攝津守宣下事、〇六卷十一頁參照、

十日　明日月次祭幷神今食散狀示送事、

十一日　少將實治(阿野)四位品中將所望事、左相府自今以後可申內裏之由、被仰出事、日次召有重(土御門)朝臣相尋事、

足利義教後花園天皇朝務成敗スベキ由ヲ奏ス

(44ウ)

十二日　參左大臣殿、入見參、進入月次祭・神今食ホ散狀事、　此次今日・明日爲吉日被申內裏之事今日可奏事、

左大臣殿令奏聞給云、朝務事依故鹿苑院(足利義滿)例所申沙汰也、於于今者被聞食可有御成敗事、

公武御問答及數度了、遂以有勅許事、自武家(義教)被進御劔・御馬事、

十三日　聖護院准后(滿意)被參相府(義教)、爲御加持也、不令謁給、以御撫物有御加持事、

東大寺八幡宮ニ怪異アリ

東大寺雜掌申八幡宮大宮殿鳴動之由、注進事、

十四日　八幡鳴動注進遲〻、如何之由、有台命事、　又件年有何事哉之由、被相尋大外記師勝(中原)朝臣事、師勝・業忠(清原)勘例在之、

十七日　參相府、行幸之時晴御膳方事可致奉行由、被仰出事、

廿日　於按察(三條西公保)許有法事丁聞(聽)事、

以勾當內侍(東坊城茂子)被仰云、朝務事被知食、新中納言實雅、被憑思食之由、奉勅定、向彼第事、

左少將實治申四品幷中將所望事、

廿四日　參相府殿申行幸時御膳具事、在別記、

自內以女房奉書、御咳氣未令散御、御藥猶可召進事、
廿六日　參相府、不令出座給、至來晦日可有御休息、朔日可有御出座由、被仰事、
今日月次御法樂和哥事、依飛鳥井中納言(雅世)輕服(本年五月二十五日室沒)暇中延引、「暇已」後如此事有何事哉之由、白河二位(資忠、法名乘任)入道稱之事、
(45オ)
廿七日　參相府、不令出座給事、
毛詩
廿八日　於按察許有毛詩談義事、
廿九日　「早旦」參相府、不令出座給事、
秉燭之後、於相府有御祓事、
有重朝臣修御祓事、其作法巨細、　予取輪奉越事、
大祓參行事、件散狀不進相府、是依主上令知朝務御也、

(約三行分空白)

七月

七月大

一日己丑、參左大臣(足利義教)殿事、人數如例、　參和哥所事、

圓明寺山ニ怪異アリ
四日　円明寺山蛇骨流出之由、前攝政(一條兼良)被送書札、卽申入左相府事、

後花園天皇御樂アリ
蘇合御所作始

七日　早旦參相府(義教)、人〻參入、奉台命相具花瓶一双持參內裏(後花園天皇)事、例年之儀也、
今夜御樂蘇合御所作始事、依故障不參事、

八日　自內裏可賜久秋(豐原)御馬可申遣西園寺(公名)由、被仰事、○六卷十二頁參照、

(45ウ)

十二日　從禁裏以女房奉書、被返出七夕所被進之御花瓶・盆ホ事、送遣御倉預許事、
新中納言(正親町三條實雅)談云、十五日荷葉供御後小松院御代故日野一位入道(資教)調進之、今年誰人可沙汰哉事、自武家(義教)被仰付頭弁(日野資親)事、
大覺寺僧正(義昭)相府御舍弟、去夜御逐電事、

義昭逐電ス

山名持熈備後國ニ討入ル

十六日　去比山名刑ア少輔(持熈)打入備後國之由、注進事、奉件大覺寺僧正事、

十八日　法勝寺大乘會弁御點事、朝務令知御之後、初度御點也、法會有憚、被出放生會御點之後、可被出他御點、大乘會可延引之由、頭弁來談事、

十九日　武家大名ホ評定大學〔覺〕寺僧正事〻、

廿日　放生會上卿以下御點事直從內裏被仰下事、示合新中納言事、

廿三日　源持朝(宍戶)駿河守宣下事、示遣頭弁事、○六卷十三頁參照、
自內以女房奉書、被仰下法勝寺大乘會奉行職事幷參行弁自正長元年以來分、注進事、示合新中納言

廿四日　放生會御點、今日被染震〔宸〕翰被下由、明豐(中御門)來談事、其躰折紙也、拜見事、
大乘會申沙汰事、　明豐申故障事、猶申沙汰參向間可存知之由、可被仰欤之事、

（46オ）

四位史晨照(壬生)來、申神宮奉行不被定置、不可然事、
大夫將監景藤(山井)予笛師也、來月相當祖父(山井景繼、應永十二年八月五日卒)卅三回欲行懺法講、万秋樂一具可沙汰之由、來談事、
故勸修寺中納言(經成)息小童(教秀)武家出仕事憑入之由、示送事、
放生會次將右少將經秀(田向)祖父(田向經兼)以來爲定使、但今年依窮困難勤仕之由、申之事、

廿八日　馳參相府、可被遣右中將顯雅(大河內)朝臣御書札幷充所ホ事被尋仰事、

八月

八月小

一日己未、參左大臣(足利義教)殿事、今日俗風贈酬如例、自相府(義教)幷若公(足利義勝)被進內裏(後花園天皇)、予申次之、色目ホ在別記事、予進物付勾當內侍(東坊城茂子)了、　○六卷十五頁參照、

諸人足利義教ニ山名持熙討タルルヲ賀ス

三日　就備後國山名刑ア少輔(持熙)沒落、緇素群參室町殿(義教)事、○六卷十六頁參照、
河內國凶徒退散、人々參賀事、　自內裏被遣御劔於武家(義教)事、○六卷十七頁參照、

四日　明日故筑前守景繼(山井、應永十二年八月五日卒)卅三回、於景藤(山井)宅行懺法講事、予昨夕送訪物、依爲門弟也、　○六卷十八頁參照、

小番結改

七日　小番結改事、橘以益(薄)被召加事、　○六卷二十頁參照、
自內裏八朔御返被遣右府(近衛房嗣)事、傳康任(惟宗)朝臣獻右府事、　○六卷二十一頁參照、

義昭還俗ス

八日　大學寺僧正(覺)被落着吉野奥還俗、々名号義有(義昭)事、○六卷二十一頁參照、

（46ウ）

九日　今日尺奠也、予爲分配參仕事、巨細、　○六卷二十一頁參照、

十日　源持賢(今川カ)申中務大輔宣下事、○六巻二十四頁参照、

放生會御點治定分、可被仰左相府殿欤事、○六巻二十四頁参照、

長講堂長講衆有一闕、自前攝政(一條兼良)被擧申事、○六巻二十四頁参照、

十一日　左近少將實治(阿野)敍從四位下、轉任中將事、口宣案二通在之、○十一日條ナラン、六巻二十四頁参照、

十二日　參相府(義教)、被仰合大理人躰事、日野・勸修寺輩譜代傍若無人也、諸家經歷此職由、申入事、○六巻二十七頁参照、

十三日　聖護院僧正(滿意)被參入相府、有御加持事、是毎月儀也、○六巻二十七頁参照、

十五日　新中納言(正親町三條實雅)第月次和哥法樂事、○六巻二十八頁参照、

放生會事、非巨細、○六巻二十八頁参照、

十六日　參相府、進入駒牽散状事、○六巻二十九頁参照、

十七日　自御室(承道法親王)賜御書事、請文事、○六巻三十頁参照、

十八日　相府年來所被攻之信濃國住人村上安藝守(頼清カ)降參事、人々參賀事、○六巻三十頁参照、

村上頼淸降參ス

十九日　相國寺新命入院(柏心周操)相府御出事、○六巻三十一頁参照、

廿日　鴨社遷宮日時定事、○六巻三十一頁参照、

(47オ)

廿四日　小松谷房主聖芳(玉峯善瑩)西堂可爲泉涌寺新命綸旨事、○六巻三十二頁参照、

左相府殿可被獻御願書於越前國氣比社、先例被用儒草哉事、○六巻三十二頁参照、

儒草度〻勿論之由、申之事、○六巻三十二頁參照、
依召參相府、來十月行幸事來廿七日可申入內裏之由、被仰出事、○六巻三十三頁參照、
同申沙汰事且可存知、可有沙汰条〻可注申由、被仰事、○六巻三十三頁參照、

行幸ニ就キ沙汰アリ

廿五日　依召參相府、行幸間条〻有沙汰事、○六巻三十三頁參照、
一、大理宣下事新中納言、今日可被執奏事、○六巻三十三頁參照、
一、兵仗事、御拜賀有無被仰談事、尋申關白(二條持基)幷前攝政▨事、○六巻三十四頁參照、　一、廿七日申入內裏供奉事早速可申關白事、○六巻三十四頁參照、　一、永德度(元年三月十一日、後圓融天皇)着御室町殿已爲秉燭之由、有所見事、○六巻三十四頁參照、　一、御輿御修理用途自武家被仰付事、○六巻三十四頁參照、　一、供奉人ホ自內裏可被出御點欤之事、○六巻三十四頁參照、
一、供奉公卿永德度十七人欤、今度可爲十許人欤事、○六巻三十四頁參照、　一、奉行職事〻、○六巻三十五頁參照、　一、今度兩度可有舞御覽、如何事、祿物自內裏御沙汰事、○六巻三十五頁參照、　一、兩度舞御覽、初度祿爲內裏御沙汰、後度可爲本所儲事、○六巻三十五頁參照、　一、詩人數事、○六巻三十五頁參照、　一、同題者事、○六巻三十五頁參照、　一、御製講師事、○六巻三十六頁參照、　一、六位布衣風流結構最上出立事、○六巻三十六頁參照、
泉涌寺住持職綸旨事、書樣不審事、○六巻三十七頁參照、」

(47ゥ)

廿六日　相府殿兵仗御拜賀間事尋申關白・前攝政、又相尋局中事、(中原師世・清原業忠)○六巻三十八頁參照、

各返答進覽事、可被略之条不可有强難之旨、各返答事、〇六巻三十八頁參照、

廿七日　今朝以三条中納言、實雅、來十月行幸事令奏聞給事、申勅答趣事、〇六巻四十一頁參照、

則被尋日次於有重朝臣、(土御門)十月廿一日可然之由、勘申事、〇六巻四十一頁參照、

行幸書立可進入由、被仰事、〇六巻四十一頁參照、　則仰頭弁資親朝臣(日野)令注獻事、續强紙二枚折之、〇六巻四十一頁參照、

見任公卿幷少納言・弁・左近衞・(右脫カ)左右衞門・左右兵衞・職事ホ、悉書進了、〇六巻四十一頁參照、

私云、
以下条〻、依事繁不能委注也、御出立事ホ尋申關白、条〻被注進事、〇六巻四十一頁參照、

越前國氣比社御願書申出御署事、儒草被加御署、先例事、〇六巻五十二頁參照、

三条中納言實雅、息實者舍弟、公綱(正親町三條)敍爵幷侍從宣下事、〇六巻五十二頁參照、

廿八日　參左相府、行幸間条〻申入事、在別記事、〇六巻五十二頁參照、

廿九日　同事、〇六巻五十二頁參照、

九月

九月大

一日戊子、參左相府(足利義教)殿事、人〻參入、如例、

行幸ノ條々ヲ定ム

二日　行幸(後花園天皇)方条〻事、

泉涌寺舍利符自今以後可爲勅符之由、相府(義教)令申給事、

「

行幸ニ大将一人供奉ハ不吉ナリ

鴨社遷宮日時定事、○六巻五十四頁參照、
採桑老舞師事申別當准后（満濟）事、其狀在之、
今日泉涌寺入院（玉峯善瑩）事、

三日　行幸条〻事、和歌題・三船哥題ホ事、

五日　同事、晴行幸大將一人供奉例事、一人例依不快、可被召加右大將（西園寺公名）事、

六日　行幸間御膳朝餉事、　行幸所司御訪可被下行由、被仰下事、官・藏人一紙注進事、○六巻五十四頁參照、

七日　御膳朝餉事、

八日　行幸御贈物事、色目事、　飛鳥井中納言（雅世）送書狀云、主上御具足事、上鞠人兼役事、

十日　三船詩題民部卿（唐橋）在直、注進事、池上宴群臣、以歡爲勻、　晴御膳事、
侍從永國（高倉）任右衞門佐、伯耆守敎忠（葉室）任左兵衞佐宣下事、○六巻五十五頁參照、

十一日　參左大臣殿、進入例幣散狀事、
私云、
自十二日至廿一日行幸間事、但在別記、依之不委注事、

廿二日　賀茂夏久子鞠器用之由、相府有御物語事、

廿六日　鹿苑院殿（足利義満）爲福照院關白（二條満基、明德四年十二月二十三日元服）加冠令渡給、扈從公卿・殿上人無所見由、令答給事、

廿八日　花山院大納言（持忠）入來、被示合行幸供奉所望間事、

(48ウ)廿九日　行幸間条々、申承關白(二條持基)幷前攝政(一條兼良)事、

（約十四行分空白）

十月

足利義教正親町三條公綱元服ノ加冠ヲ勤ムベシ

義教兵仗宣下

(61オ)
十月小

一日戊午、早旦參左大臣殿(足利義教)、參入人々如先々事、

三日　四日　五日　行幸(後花園天皇)条々申定事、但注別記、

五日　故參議家豐卿(山科)息(山科成任)來十日可加首服由、申請伺申處、不可有子細之由、被仰出事、

七日　自內裏被仰合、當御代未被召侍讀、今度可被召爲淸卿(五條)之条、如何事、

兵仗宣旨大外記師勝(中原)朝臣持參之、祿物以下任例可被下事、

八日　三条中納言(正親町三條實雅)息(正親町三條公綱)實舍弟、元服夜左大臣殿渡御、下家司可擧松明哉否事、

九日　兵仗宣旨申次可爲永豐(高倉)朝臣由、被仰事、　同祿物後日可賜歟之事、

明日三条中納言息元服、爲加冠左相府殿可有渡御、可被遣御劒、如何事、

十日　左大臣殿兵仗宣下、持參散狀於室町殿(義教)事、

三条中納言實雅任左衞門督、爲檢非違使別當、同於陣宣下事、

關白(二條持基)以下被參賀事、　予申次事、　付勾當(東坊城茂子)被申入禁裏、歸參申勅答事、

正親町三條公綱元服ス

山科成任竝ニ勸修寺敎秀元服ス

（61ウ）

義敎ノ御出アリ

今夜元服脂燭事、花山院（持忠、應永二十五年二月二十四日）元服、殿上人二人（難波宗富・難波宗名）取脂燭、任彼例可爲雅親（飛鳥井）・實勝（滋野井）由、被仰事、」

今日故家豊卿息成任、并故經成（勸修寺）卿息敎秀（勸修寺）、ホ於別當第加首服事、

未刻許、依召馳參相府殿、行幸御路被御覽之處、花山門西土高處、往古裏築地跡云（×也）〻不可取棄由、所侍〔司〕代堅可仰之由、被仰出事、

晩頭相府御出別當第事、

十一日　參左大臣殿、別當依未拜賀以前着尋常烏帽子・直垂事、

應永十五年（三月八日、後小松天皇）行幸時事無慥覺悟之人有御尋事、其時藏人頭中御門前中納言入道宗宣（松木）卿、五位藏人吉田前大納言入道家俊（淸閑寺）卿ホ見存、然而悉廢亡由申之事、

十三日　春日社御師師安奉箏事、其名洛陽云〻、今度爲被置御厨子、被尋箏、而今持參神妙、其躰宜物也、

下車之時越軛之樣有御不審、先年故定助僧正敎訓旨申入事、

十五日　參相府殿、降南階之時、爲先右足由、被注次第、若猶可爲左足歟、可尋申前攝政（一條兼良）之由、被仰事、　又懷中笏事如何之由、被尋申兩殿（持基・兼良）下事、

公綱・實勝共以三条少將号、如何、以實勝可轉中將歟之由、有仰事、

爲行幸無爲御祈、天曹地府御祭有重（土御門）朝臣奉仕事、

十六日　前攝政賜消息、內覽事行幸以前可申沙汰事、

今夕大藏卿為清、始侍御讀事、非巨細、於朝餉有此事、　五條為清初メテ御讀書ニ侍ル

(35オ)十七日　十八日　參左相府殿、申行幸間事、

十九日　行幸御裝束始事、關白令渡給、令檢知給事、在別記、

今夜內府(鷹司房平、永享七年四月二十二日任內大臣)被奏慶事、

廿一日　未刻行幸左相府第事、〇六卷五十六頁參照、　室町殿ニ行幸ス

今日別當拜賀事、

廿二日　被仰前攝政內覽事〻、　一條兼良內覽ヲ仰セラル

於室町第有舞御覽事、大夫成任今日可懃舞由、被宣下事、

廿三日　今日又有舞御覽事、

廿五日　於室町第有晴御鞠、入夜有三船御遊事、〇六卷五十六頁參照、

廿六日　自室町第還御土御門殿事、　有家賞事、　次有御贈物・御引出物ホ事、　土御門殿ニ還御ス

廿七日　臺盤所置物并御贈物ホ以下家司送進內裏事、

自左相府被奉內〻御引出物ホ於內裏、別當・予直衣、兩人相具參入事、

廿八日　參左相府殿、〇為賀申行幸無為事緇素群參事、

東〔大脫カ〕寺轉害會事、

以下兩条年紀不分明、在此卷奧(×端)、如何、

參室町殿、按察大納言（三條西）公保、神宮傳奏、中祢宜闕出來、祭主（大中臣清忠）擧申輩事、」

（67オ）

十一月

足利義教ヨリ行幸無爲ノ申沙汰ヲ賞セラル

一日丁亥、參左相府（足利義教）殿事、人〻參賀如例、　別當（正親町三條）實雅、引立烏帽子、香布直垂、六骨扇、

申刻自相府（義教）有召馳參、自令取出御劔入革袋給賜之、仰云、今度行幸（後花園天皇）無爲申沙汰、仍給之由、

被仰下事、

六日　角馬出來、被立三間御厩由、有風聞事、

七日　自內裏以女房奉書被仰下、以今度所被進之折紙要脚可被修理御所、誰人可致奉行哉事、

書立人數、相府入見參事、

移鞦總事可被預置誰人哉之事、

內裏修理ニ就キ萬里小路時房ト談ズ

八日　內裏修理事、　先年黒戸造替奉行人相尋万里小路大納言（時房）事、

九日　自室町殿（義教）打乱筥蓋內裏可有御用哉之由、被尋申事、

於別當第內裏御修理談合事、

十日　參左相府、進入平野祭・春日祭ホ散狀事、

着直衣參內、今日御修理雜掌各參候、召檜皮工令取損色事、

平野臨時祭御禊陪膳供役・使ホ事、

十一日　御修理評定事、

(67ウ)

十三日　內裏御修理先例相尋局中事、(中原師世・清原業忠)各注進事、

十四日　參相府、進入大原野祭散狀事、

興福寺權(實意)別當号法雲院、權僧正轉任所望事、返報事、

十五日　北向局以下加階・髮上祿間事、示合別當事、

十六日　着直衣參內、御修理事始事、先南殿、次淸涼殿、大工ホ各束帶、着布衣・直垂者數人召具之事、

內裏修理事始

十七日　內裏作御修理料木屋事、

新嘗會卜合事、參相府、進入新嘗會幷豐明散狀事、端作不審事、

廿日　今度詩哥懷紙可有叡覽之由、被仰出事、則申相府事、

廿一日　御厩御馬一疋可被下中御門中(松木宗繼)納言由、被仰事、是依行幸御樂申沙汰也、

廿二日　吉田祭事、

鴨社遷宮日時定事、

着直衣參內、出御泉殿、人〻祗候、有御盃、各被下沙金・御小袖ホ事、

廿四日　乍直垂之躰檢知御修理事、

内裏修理ノ漆工相論ス

(63オ)

廿五日　内裏御修理漆工相論事、

荒序・胡飲酒ホ舞人先例被下御馬事、　河南浦舞人同被下御太刀事、

樂所酒肴今一日分可被下欤之由、家秋(豊原)申之事、

殿上疊幷女官已下候所疊各可被下由申事、

晴御膳具幷置物御厨子ホ可被置何處哉事、仰可置鹿苑寺倉事、

鹿苑寺倉

内府(鷹司房平)被辭申大將事、仰理運誰人哉事、

内裏御修理事、　内府被辭申大將、任次第可被任花山院大納言(持忠)事、

在綱朝臣(唐橋)望申大學頭事、　少納言・弁官ホ有闕、除目次可被任事、

各被仰合關白(二條持基)可有御沙汰事、　院御壺召次申狀示合別當事、

鴨社遷宮日時定事、陣官依敷地役訴訟事、

廿六日　參左相府申条〻、ホ持寺御八講僧名事、同公卿已下事、

鴨祢宜時祐(鴨)縣主申上階(従三位)事、件時祐申狀事、

廿七日　自内裏可被行任大將除目事、(西園寺公名轉左大將、花山院持忠任右大將)　同任人事、散狀進入、經台覽事、

今夜被行小除目事、

義教男着袴アリ

廿八日　參相府殿賀申第四若君(足利義政)御着袴事、　次向右大將第花山院、賀幕下事、

鴨祢宜三位未拜賀以前且可從神事由、可被仰下事、〇六卷五十八頁參照、

十二月

(63ウ)
十二月大

一日　參左相府(足利義教)殿事、人〻參賀如例、　隆遠(鷲尾)朝臣示合子息小童(鷲尾隆賴カ)事、

三日　主殿司行幸申殿上疊間事〻、

法眼實助任權大僧都事、今日爲廢務日、可爲昨日日付事、〇六卷五十九頁參照、

不經少僧都直任大僧都、大臣(三條公冬)息可有差異事、〇六卷五十九頁參照、

五日　自三寶院(義賢)僧正御房円滿院(尊雅)極官事賜書狀事、

鴨御祖社遷宮

鴨御祖社遷宮事、

六日　小童參詣春日社事、密〻儀也、不能奉幣、〻料送祈師計也、

円滿院極官宣下事示遣頭弁(日野資親)事、

興福寺權別當實意法印示合等持寺御八講平講師參懃事〻、〇六卷六十頁參照、

貢馬用途事以消息仰遣大和守貞連(飯尾)事、同元三御服用途事、

十日　四条宰相隆夏(油小路)、神今食幷月次祭參議行事作法示合事、

隆秀法印東門院、補興福寺長者(二條持基)宣事、爲權別當、平講師不打任事、

等持寺御八講

御八講〻師手番事惣在廳申請書遣之事、

（64オ）

十三日　荒序幷胡飲酒舞人可被下御馬事、仰遣伊勢守貞國（伊勢）事、

藤中納言忠秀（柳原）、息資重（柳原）申右兵衞佐事、

十四日　參室町殿（義教）、進入ホ持寺御八講僧名幷公卿已下散狀事、

巳一點參八講堂事、束帶、不帶劔・笏事、十五日・十六日・十七日・十八日、結願日、

十五日　仲承（×任）・欤。轉正僧正正事、　空俊僧都号喜多院、維摩會可勤他寺探題、申請長者宣事、

去十月廿六日加階御方〻、髮上祿被送之、召代官分賜事、注文在之、

貢馬用途之內、三寶院進納事申遣事、〇六巻六十頁參照、

十七日　左相府殿御粥頭役物持參內裏（後花園天皇）事、　此次侍從季遠（阿野）・公熈（阿野）ホ申少將事、

長講堂供僧闕淸意法印望申事、

十八日　御八講御願文被加御署返給、則持向八講堂事、行香初・結有之事、

廿日　參相府、內侍所御神樂散狀進入事、　又仲承僧正轉正今日宣下事、〇六巻六十一頁參照、

刑ア卿有重（土御門）朝臣。持來明年八卦、有季（安倍）持來新曆一巻幷八卦事、

元三御服用途副予使送御服所事、

廿一日　向和哥所事、今日內侍所御神樂、禁中爲御神事、雅親（飛鳥井、本年五月二十五日母沒）依重服不參、堯孝僧都不參、於私宅所撰定也、

廿三日　殿上雜具事出納職尚(中原)注進頭弁示送事、返報事、○六卷六十一頁參照、

(64ウ)
廿四日　院御壺召次衣服料被仰諸寺別當・諸社神主ホ事、
長講堂長講衆有一闕、承親法印所望事、
來廿七日如法泰山府君御祭事、御都狀爲淸(五條)卿。依重服、在豐(唐橋)・益長(東坊城)朝臣ホ申御點事、
長講堂供僧職、上乘院(道朝法親王)師跡(乘朝法親王)相續事、
白馬節會被催事、御敎書案、
召次衣服御敎書事、
御料所山國(丹波國桑田郡)損免事、
一﨟出納職尚來申御訪事、
向花山院(持忠、本年十一月二十七日任右近衞大將)示合明日拜賀間事〻、

廿六日　參室町殿(義敎)歲末御參內伺申事、
殿上雜具料無貢馬用途餘分由、示送頭弁許事、

花山院持忠拜賀

花山院右大將持忠、拜賀事、巨細、　予扈從事、

廿七日　參室町殿、諸家・諸門參賀事、
右大將參賀事、去夜申慶、雖直衣始以前着用小直衣事、○六卷六十二頁參照、

貢馬御覽傳奏ヲ勤ム

着直衣參內上絬、事、依貢馬御覽也、　被下御馬依貢馬傳奏也、

(49オ)
卅日　參室町殿事、　入見參中条〻事、
追儺事、
禁裏御冠持來、付勾當內侍(東坊城茂子)事、

永享十年戊午、

參議從二位行左近衞權中將藤原(中山定親)朝臣御判、卅八歲、

正月小

一日丙戌、早旦詣聖廟、次詣慈恩院(深省)、燒香如例年事、
辰刻參室町殿(足利義教)事、人〻參賀如例、
秉燭之程參左相府(義教)、有親族拜事、中門內隨身可追前哉否事左大將(西園寺公名)被示合右大將(花山院持忠)事、
二日　參室町殿事、　別當(正親町三條實雅)布衣始事、
殿上淵醉事、頭弁(日野資親)俄退出事、日野輩不着中將頭之下之由存欤之由、有興言事、
三日　室町殿參賀事、
四日　參室町殿事、人〻參賀事、　向花山院將軍(持忠)對面盃酌事、

暁頭着直衣參內、於議定所拜龍顏(後花園天皇)御盃三獻事、

五日　敍位散狀進室町殿事、又進置外記所進之敍位十年勞帳事、同敍人折紙進之、

敍位見物ス

敍位見物事、撰定作法事、筥文公卿・執筆進退少〻有之事、

敍位簿書様

(49ウ)

敍位簿續紙四枚、第二枚与第三枚之續目右被書從五位下字并王氏爵二行、如何事、例式書從五位下字於續目左歟之事、

左右近臨時尻付不可有之由、不審事、

近年超越停止サル

敍位人〻加級・超越事、近年超越停止、如何事、

六日　參室町殿、進入敍位聞書事、

藏人大夫重仲(五辻)被書入簿事、昇殿幷一官事則申入事、

万里小路大納言(時房)息成房(萬里小路)從上五位有加敍者、可申沙汰由、被送書狀事、

七日　參室町殿、進入節會散狀事、

兩貫首(日野資親・淸閑寺幸房)上階所望事、

節會參勤事、加級〔後〕着陣事、宣命版立所事、敍位宣命使不迫版事、千種宰相中將(具定)不扣臺盤扣板敷、如何事、

八日　室町殿護持僧參賀事、　各有御加持事、

十日　室町殿御參內、主上御衰日明日可有延引事、

十一日　同緇素群參事、〇六巻六十三頁參照、
南都佛地院僧正（孝俊）入來、条〻清談事、
（50オ）
足利義教三寶院ニ渡ル
室町殿渡御三寶院僧正義賢、房事、例年儀也、
義教參內ス
同御參內事、
土御門有重占文ヲ獻ズ
十二日　有重朝臣（土御門）來、十九日戌刻太白侵塡星事、占文事、
十三日　室町殿御加持聖護院准后（滿意）被參入事、
踏歌節會不審ノ條々
十六日　參室町殿、進入節會散狀事、
節會見物事、諸大夫家輩爲內弁（三條實量）之時、清華人不可候外弁歟、不當〔審〕事、
条〻不審事、　一、內弁移外座昇居之時、先懸右膝「座上、」（補書）事、
一、練步躰相似齊說、然而早速前足踏樣急也、如何事、
一、謝座之時、揖・拜共爲艮向說事、　一、退歸之時、頗練出東北、不甘心事、
一、於尋常版北有謝座拜、仍退歸之時、迴宣命版事、
一、催國栖之時、立軒廊東第二間、可立第一間歟、於大臣者着彼行事兀子、至納言者不着之許也、爭不立件間哉云〻事、
一、不催二獻、先奏御酒勅使事、　一、取坊家奏參進之時、入母屋西面南間不可然、入北間

副障子可參進歟事、

一、於弓場奏宣命之時、以片手取杖〻下突地渡職事〻、

一、取坊家奏之時、指笏以笏紙方爲外事、

一、六条宰相中将(有定)入外弁幔門過藤中納言(柳原忠秀)前之時、顧有咲氣、若致礼之由歟、比興事、

一、同卿催一獻之時、先高聲召内豎、卽扣板敷事、内豎不聞及時、可扣歟事、

一、同人二獻之時、不召内豎直扣板事、

一、不知出御〻帳之程、次將不稱警蹕、經數刻示其氣色事、

一、有經(山科)少將求失靴、良久經遲參路參着事、爲出御以前者猶可經本路歟、然而一向出御之後進出事、

一、公卿參列之時、次將不起座、繁宗(山科)先起、次有經・雅親(飛鳥井)起事、

朝臣致家礼事、

一、内弁謝座、公久(三條)

(50ウ)

廿日　重仲(源)敍爵之後、爲治爲一﨟、今日始着青色出仕事、

自今夜被始行不動大法事、阿闍梨聖護院僧正、殿上人ホ取脂燭、各衣冠、後〻夜布衣事、

義教青蓮院ニ渡ル

廿五日　相府渡御青蓮院(義快)、〻給予參會事、

廿七日　明日御祈始使五位殿上人及闕如、侍從忠具(愛宕)可被聽羽林事、

廿九日　旧冬貢馬用途五百卅五貫下行事、五百貫自武家沙汰、卅五貫三寶院僧正沙汰事、

遣勾當內侍（東坊城茂子）局事、

（38オ）

二月大

一日乙卯、參室町殿（足利義教）、御對面次進覽大原野祭散狀事、人〻參賀事、〇六卷六十五頁參照、自內（後花園天皇）有召、以勾當內侍（東坊城茂子）來月可有舞御覽相府（義教）可令參給哉之由、被仰事、　明後日可伺申旨、申入事、〇六卷六十六頁參照、

三日　永基（冷泉）朝臣宮內卿所望事、〇六卷六十六頁參照、

參室町殿申条〻、〇六卷六十六頁參照、

一、尺奠散狀進入事、〇六卷六十六頁參照、　一、大學頭有闕、在豐（唐橋）・益長（東坊城）朩朝臣之間可被任何哉由、有勅定事、雖爲何可在叡慮由、令申給事、〇六卷六十六頁參照、

一、稱光院御代和哥御會始、先日於靑蓮院（義快）御尋之時、失念申二月之由了、退出引見之處、爲三月十六日（應永二十六年）事、〇六卷六十七頁參照、

永基朝臣宮內卿、大內記在豐朝臣大學頭宣下事、〇六卷六十七頁參照、

四日　參室町殿、進覽祈年祭散狀事、〇六卷六十七頁參照、

尺奠明經道・算道朩堂監史生御訪事、〇六卷六十七頁參照、

助教師秀(中原)申従上五位事、○六巻六十七頁参照、　尺奠功人任申請被宣下事、○六巻六十七頁参照、

九日　參室町殿、今月中可有和哥御會始之由、被申內裏事、○六巻六十八頁参照、

相府渡御別當第(正親町三條實雅)、有猿樂、內裏女房ホ有招引事、○六巻六十八頁参照、

足利義教正親町三條實雅第ニ渡ル

(38ウ)

十日　依召參黑戸、以勾當內侍被仰下來月舞御覽事条〻可被仰談、別當一日可祗候、又奉行職事可爲隆遠(鷲尾)朝臣、內〻可仰之事、○六巻六十八頁参照、

祿衣ホ事可申談關白(二條持基)事、○六巻六十八頁参照、

十一日　園韓神祭散狀進入室町殿事、○六巻六十八頁参照、

十二日　相府殿御法樂和哥於別當第有披講事、○六巻六十八頁参照、

十三日　參室町殿、伺定禁裏和哥御會始人數事、○六巻六十八頁参照、

十五日　內裏和哥御會始日次、廿八日、奉行職事資親(日野)朝臣、題者飛鳥井中納言(雅世)、參仕人數ホ事飛鳥井中納言申定、從相府被申內裏事、○六巻六十九頁参照、

十六日　參室町殿、和哥御會題者有德度明(三年九月九日)誰人哉之由、被仰事、○六巻六十九頁参照、

頭弁資親朝臣和哥題送消息相催事、消息案在之、同請文事、○六巻六十九頁参照、

十八日　內裏御修理事、○六巻七十頁参照、

廿一日　參室町殿、自內被仰來月下旬一日令參給者可有舞御覽事、○六巻七十一頁参照、

廿五日　泉涌寺長老聖芳(玉峰善瑩)上人參內事、雲龍院住持、

義教妙法院ニ渡ル

廿七日　左相府(義教)殿令渡妙法院(堯仁法親王)給事、

(39オ)

廿八日　早旦參室町殿、条々承台命、今夜御進退、參關白(一條兼良)・前攝政ホ申合事、○六卷七十三頁參照、

禁裏和歌御會

禁裏
和哥御會事、巨細、○六卷七十四頁參照、

廿九日　舞御覽樂所奉行事、被仰付家秋(豐原)事、

頭中將隆遠朝臣舞御覽間事条々示合事、

紫宸・清涼兩殿共可被葺、於清涼殿者先可有行幸別殿事、

四月賀茂祭御神事御坐別殿之条、可爲如何哉事、

三月三日事始、被葺清涼殿者縣召除目十四日、可被延引歟事、

清涼殿被葺之間可有行幸、泉殿・黑戶ホ間方角如何事、

來月三日御燈廢務也、行幸如何事、至御燈廢務者不可苦、不可似如御國忌云々事、

於表葺者土用間不可苦事、裏棟事土用可忌事、

南殿御修理事始日事、

勾當內侍奉仰示送御馬事、　則示遣左大將(西園寺公名)許事、

卅日　參室町殿申条々、　一、祈年穀奉幣散狀進入事、

一、內裏御修理事、　一、淸涼殿御修理間可御別殿事、
一、舞御覽可爲四月廿一日事、　一、舞御覽以前兩殿可葺出事、
一、頭弁資親朝臣所進和哥懷紙進覽事、
關白以下一昨日參仕人〻參入、予申次、有御對面、又自內裏被進御劔・御馬事、

祈年穀奉幣

今日祈年穀奉幣發遣、先於陣有日時・使定事、

二星合

去廿一日二星合爲重御愼之由、刑部卿(土御門)有重朝臣奏之事、

(39ウ)

三月

三月大

一日乙酉、參室町殿(足利義教)事、人〻參賀事、
二星合御祈相尋先規可申沙汰由、示資任(烏丸)事、
頭中將(鷲尾隆遠)來云、大神宮祢宜申一級事、　又舞御覽日門守護官人可參候哉否事、
頭弁(日野資親)入來、示合別殿行幸(後花園天皇)間事、　一、小番衆祗候所事、
一、劔璽事、行幸別殿之時、被相具劔璽例可尋〻(頭弁)例事、
信濃國小笠原入道(政康)望申官途、而出家已了、以其以前日付可被宣下事、○六卷七十七頁參照、
源政康申大膳大夫、以去應永卅二年二月三日〻付可被宣下事、○六卷七十七頁參照、

足利義教安居院ニ渡ル

別殿行幸

義教後花園天皇ニ櫻花ヲ獻ズ

仲承僧正坊安居院、室町殿渡御事、

(40オ)

三日　今夜別殿行幸(後花園天皇)事、是依自明日可有御修理也、

御灯御拜了後出御、御引直衣、內侍二人取劔璽候前後、如節會出御事、

泉殿室礼事、前攝政(一條兼良)被計申事、

四日　室町殿八幡御詣間事、但注別記事、　○六巻七十八頁參照、

六日　從室町殿花枝進上內裏事、御製被遣事、

舞御覽祿事、色目事、　採桑老直衣・奴袴如何事、

八日　賀茂祭傳奏幷典侍誰人可然候哉事、可在叡慮事、

稻荷祭礼料敷地役勅裁事、如先々可被仰下事、　○六巻七十九頁參照、

來十三日後白河院(建久三年三月十三日崩)聖忌宸筆御經可申出事、可仰遣藻藏主(季瓊眞蘂)事、

以上《条々》從禁裏被仰出室町殿、同御返事、条々、

十三日　舞御覽荒序有無付頭中將申內裏事、

御師範久秋(豐原)似有御執心、猶可爲緣秋(豐原)歟之由、別當(正親町三條實雅)計申事、

北野一切經會用途依催送進消息事、○六巻八十二頁參照、

於北野社一万句連哥室町殿御願主事、依是除目延引事、

舞御覽消息到來事、
除目可取闕之由、召仰四位大外記(中原師勝)事、
任人書立從禁裏被申合左相府(義教)殿事、人〻次第昇進沙汰事、
今日清涼殿御修理終功還御事、

清涼殿ノ修理終ル
義教北野社ニ參籠ス

(40ウ)

廿四日　室町殿御參籠北野社事、予亦參籠、寄宿別當(良什)坊事、　○六卷八十八頁參照、

廿六日　參御籠所、舞目六入見參事、　別當昇進事、
頭弁資親朝臣持來宸筆小折紙草傳勅定事、人〻昇進御沙汰事、

廿八日　參御籠所、中条〻〻、
御申文御署事、予作進、　除目三个夜散狀進入事、
賀茂祭近衞使申任忠富(白川)於少將可令勤仕由、伯三位(雅兼王)申間事、
明日舞目六進覽事、

縣召除目

廿九日　除目第二夜事、非巨細、

卅日　卯一點左相府殿自北野令還向給事、予直歸蓬蓽、着淨衣參室町殿、依八幡御參詣也、
除目第三夜事、小折帋事、

四月小

一日乙卯、參室町（足利義教）殿事、人〻參賀事、賀申北野。御參籠幷八幡御參詣事、

除目昇進輩別畏申、予申次事、

三日　以勾當內侍（東坊城茂子）伺申舞御覽奉行職事〻、又殿上管領事被仰事、

賢所御修理之間、可奉渡何殿哉事、先規申合執柄（二條持基）事、

（41オ）

賀茂祭御神事間、諸工ホ不可召進服者・不淨者由、仰大工事、

四日　舞御覽奉行事仰遣資任（烏丸）許消息事、

五日　內裏御修理間、女房局町大工相論事、

六日　平野祭事、非巨細、

七日　內裏御修理、今日裏紫宸殿棟、又殿上前屛立柱事、

內裏修理
紫宸殿ノ棟ヲ
裏ム

梅宮祭頭弁幸房朝臣（清閑寺、本年三月三十日補藏人頭、同日敍從四位下）未拜賀以白紙書進散狀事、〇六卷九十一頁參照、

八日　幸房朝臣入來云、內侍所御修理渡御別殿例、兩外史注進間事、

明後日御會可爲泉殿、御修理奉行如道場可令洗事、　月內御掃除事、

九日　紫宸殿御修理事了周備事、　此後內侍所御修理可奉移何殿哉由、被仰合關白事、

明日內〻和哥御會、左相府殿(義教)令申沙汰、頭役料万疋付遣勾當內侍局事、

明日可被引遣左相府殿御馬有無尋遣左大將(西園寺公名)許事、

明日和哥御會、左相府殿參內、泉殿掃除、御鞠懸・御座席ホ餝事、

禁裏和歌會

(41ゥ)

十日　室町殿依入院令渡通嚴寺(玄)給事、　今日和哥御會御參事從內(後花園天皇)頻被仰、令辭申給、飛鳥井中納言(雅世)爲御使以勅書重被申事、〇六卷九十二頁參照、

御會作法事、女房陪膳事、此後御鞠作法事、〇六卷九十二頁參照、

十三日　室町殿去十日和哥御會申御沙汰人〻參賀事、

十四日　四條宰相隆夏(油小路)、直衣御免事、

明豐(中御門)來云、內侍所御修理之間可奉渡記六所之處、刀子ホ依令申子細、宜陽殿代至土庇五个間新敷假板構神殿事、

自室町殿賜御使、來廿一日舞御覽目錄可進入之由、被仰付御使、進入宸筆御目六事、

左中將定長朝臣(土御門)內侍所渡御別殿之間供奉事送書狀尋問事、

十五日　天慶元・貞治五例、又平治二(四月十九日)被奉納新造御辛櫃之時、中山內府(藤原忠親)帶劒持笏之由、所見勘付彼狀事、

左相府殿三社石淸水・日吉・北野、法樂三百首和哥於別當第(正親町三條實雅)有披講事、

（55オ）

十六日　參室町殿、舞御覽着座公卿誰〻哉之由、令問給事、　可爲如去年（永享九年十月二十一日）行幸之由勅定由、申之、只如去七年（永享七年四月十七日）舞御覽可然由可申由、被仰事、　此次今度所被新調之舞裝束幷樂器ホ可被申渡由有勅定由、伺申事、

大曲所作笛事景勝（山井）致懇望、閣上首奉仕、如何事、

繼塵記

今夜內侍所渡御別殿事、後日六月比定長朝臣勘出繼塵記注送事、

大曲笛所作可爲景勝由仰事、爲次座所作例注進事、

十八日　大曲大鼓・鞨鼓所作事伺定事、

十九日　賀茂祭近衞使事、左少將忠富（白川）初度懃仕事、

廿日　四条中納言隆盛（本年三月三十日任權中納言）、奏慶事、

禁裏舞御覽

廿一日　於內裏有舞御覽事、依勅定左大臣殿令參給事、巨細、

廿二日　吉田祭事、非巨細、

廿五日　今日又於內裏有舞御覽事、不堪先日興、左相府令申行給事、

廿六日　大藏卿（五條）爲清息爲賢（五條）敍爵事仰職事〻、

廿七日　北野社五躰不具穢觸禁中、至來月朔日可爲丙穢事、

五月

（55ウ）
五月大

一日甲申、參室町殿（足利義教）、人々參賀事、

六日　參内（後花園天皇）、黑戸前立蔀仰付御修理奉行事、

七日　源（赤松）元祐申兵部少輔事、　大藏卿（五條）爲清、申（五條）爲賢治部大輔所望事、

敍爵以前宣下八省輔、如何事、可爲敍爵同日由、下知事、

御修法阿闍梨禪信・公承兩僧正間可在勅定事、

室町殿大般若法結願

十日　室町殿大般若法結願日中儀事、巨細、

着直衣參内、有御續哥・御鞠事、

十二日　天台兩法花會講師宣下事、（清閑寺）幸房朝臣未拜賀、弁輕服暇中不可叶之由、申之、如何事、（本年三月三十日補藏人頭）

十三日　長講衆事、六月會參向弁資（烏丸）任當職之間、被定置事、

十四日　天台二會講師幷弁事、以消息示送明豐（中御門）許事、

十五日　左相府殿（義教）法樂和哥於別當第（正親町三條實雅）有披講事、

十九日　參内、有御續哥事、

廿日　世間病惱流布時御祈勘例事、業忠（清原）注進、　〇六卷九十六頁參照、

後花園天皇煩フ

內裏四角郊外四堺鬼氣御祭事、同下行ホ事、

（56オ）廿一日　四角四堺祭〻料事應永廿八年度公家（稱光天皇）御沙汰歟、武家（足利義持）御沙汰歟事、

肥前守（飯尾）爲種令申沙汰事、条〻巨細、

廿八日　興福寺別當隆秀法印極官宣下事、

六月小

一日甲寅、參左大臣（足利義教）殿事、人〻參賀事、

自造酒司送醴酒、不及賜祿、又主水司送寒氷、同不及祿事、

三日　又自主水司送寒氷事、

五日　主上（後花園天皇）御膿氣忩清阿可召參由、有仰、予參室町殿（義教）伺申事、則清阿參入、於議定所奉仕御脉事、

六日　參室町殿、禁裏御風氣被尋仰事、

已終刻清阿參入、出御議定所、予引導奉仕御脉事、

八日　參左相府殿、主上雖御平愈猶可有御養姓〔生〕由、被仰事、

九日　室町殿放生會御參向間事今日伺始事、但注別記事、　○六卷九十九頁參照、

大理（正親町三條實雅）幷資任（烏丸）廷尉辭退事ホ申入事、

（56ウ）
十一日　大工藤原爲國敍爵事、今日廢務也、仍不示遣事、
月次祭并神今食事、
十三日　人〻參室町殿、左衞門督（實雅）辭大理、改茶染着淺黃直垂事、
今日資任廷尉辭退、同前事、
自關白（二條持基）給消息、准后宣下事可披露由、令申給事、左相府殿准后事也、
前刑ア卿（土御門）有重朝臣申男有秀（土御門）四品事、
十四日　今夜內侍所還御本殿事、非巨細、
祇園臨時祭使事、及闕如之時、近衞少將懃之事、
十五日　左相府三社法樂和哥於左衞門督第有披講事、
十七日　主上御不食、不被召醫師召御藥許事不可然之由、左相府殿令申給事、
後花園天皇不食
今夜頭中將持季朝臣（正親町、本年三月三十日補藏人頭）奏慶從事〻、吉書奏聞不用杖事、
無湯漬并付簡之儀、兼仰藏人家例事、返抄三倍押折、爲藏人頭位署所爲上盛柳筥可進之由、仰之事、
十八日　淸阿參內、奉仕御脉事、
主上御脉產方醫師大膳亮盛家參入否事、
十九日　施藥院使丹波賴豐朝臣今日昇殿事、下知消息、

（57オ）

內侍宣之間以消息可仰極﨟(源爲治)歟之由、示送頭中將事、件案在之、

廿日　參室町殿、申禁裏御脉之樣、可有御祈禱由可申旨、被仰事、

賴豐則參內、於議定所賜御脉事、此趣參相府(義敎)申入事、

御祈

御修法・內侍所御神樂ホ間事、奉行幷尋日次事、

廿一日　資任申御修法以消息付女房伺申事、

日次廿三日・廿五日之間可然之由、陰陽頭(賀茂在成)申事、仰可爲廿三日事、

御修法

阿闍梨事、

後花園天皇煩フニ依リ內裏御修法ヲ行フ

廿三日　自今夜於內裏被行御修法事、阿闍梨實意僧正、

廿五日　東寺講堂供僧闕所望事、　樂人緣秋(豐原)申裝束料事、

廿七日　藏人權弁長淳(土御門、本年三月三日父土御門資家薨)復任幷除服出仕事、　大學頭在豐(唐橋)朝臣子在鄉(唐橋)敍爵事、

廿九日　參左相府、進大祓散狀事、

七月大

一日癸未、室町殿(足利義敎)參賀事、人々如例、

四日　參室町殿、放生會御參向間事条々申入事、〇六卷百四頁參照、

前刑ア卿有重（土御門）朝臣於室町殿談云、去朔日寅刻大白犯東井第二星、占文天子・大臣・大將軍ホ愼事、

土御門有重天文變異ニ就キ占文ヲ獻ズ

（57ウ）

五日　（參脫カ）室町殿、大外記師勝（中原）朝臣申米穀課役事、○六卷百五頁參照、
権僧正定意轉正事幷准后（滿意）僧正聖護院、被申熊野山伏權僧正事、
權少僧都通海轉大事、以上条々以消息仰頭中將持季（正親町）朝臣事、

七日　參左相府（義敎）殿事、人々如例、　被進草花二瓶、於禁裏（後花園天皇）、予相具參入、付勾當內侍（東坊城茂子）進入事、

八日　依左相府殿仰詣八幡、取鬮了歸京、則參相府（義敎）殿進覽事、○六卷百五頁參照、

十日　參左相府殿、申放生會御參向間条々事、○六卷百五頁參照、

十四日　詣中山御墓所、次詣眞如堂事、

十五日　不出仕、早旦詣新善光寺御墓所、盆供於彼寺致沙汰事、

足利義教ノ命ニ依リ石山觀音緣起繪詞ヲ書寫ス

十七日　參室町殿、不令出座給、卽退出事、　依左相府殿仰、石山觀音緣起繪詞書進事、

刀自內侍所ヲ圍ム材木下行ヲ請フ

廿日　御修理間內侍所御坐宜陽殿代廊之時、圍材木ホ任例可下給之由、刀子ホ望申事、

廿三日　內裏小御所南面壺可被植御鞠懸之由、左相府殿有仰事、其樣人々不審事、」

（58オ）

廿七日　藏人權弁長淳（土御門）送消息云、來月々蝕御祈阿闍梨可被仰誰人哉、又治ア權少輔平時兼（西洞院）申一級事、

八月大

一日癸丑、參室町殿(足利義教)、參入輩如例事、

左相府(義教)御進物予持參、又予所進付女房送狀事、

秉燭程自相府若君(足利義勝カ)被進三種、予參内(後花園天皇)執進之、賜御返持參若君事、

八朔
足利義教男後花園天皇ニ八朔ヲ獻ズ

三日　參室町殿、今日分御進物予持參内裏、則給御返歸參、今日若公不被進事、

五日　今夜尺奠、予雖爲分配依蟲所勞不參事、

六日　參室町殿、申放生會間事〻、〇六卷百八頁參照、

自相府有召馳參、故廷用和尚(宗器)禪師号事、

經奏聞之後、任先例雖仰職事、內〻又仰遣內記事、旧案ホ在之、

七日　參室町殿、八幡宿院差圖依召進入事、」

(58ウ)

十一日　參室町殿、申放生會条〻、但注別記事、〇六卷百十二頁參照、

放生會上卿御共武士名國司・靫負尉ホ事仰藏人下知事、

十二日　參室町殿、伺申放生會間事、但在別記、〇六卷百十六頁參照、　又以伊勢守貞國(伊勢)被仰大乘院門主人躰事、

十四日　下向八幡事、〇六卷百二十七頁參照、

月蝕
放生會
上卿義教

十五日　月蝕事、〇六巻百二十八頁參照、　放生會上卿左大臣殿御參行事、〇六巻百二十八頁參照、　予參議參仕事、巨細、
〇六巻百二十八頁參照、

義教左大臣ヲ辭セントス

十六日　緇素群參、賀申昨日儀事、〇六巻百五十頁參照、
於八幡御宿坊被仰云、當職今月中可辭申、相尋日次可申入事、就其次第昇進誰人哉之由、有御尋、
一〻申入事、〇六巻百四十六頁參照、

廿一日　參左相府殿、御當職御辭退日次廿七日可被任替由、有重朝臣（土御門）勘申之、但鹿苑院殿（足利義滿、明德四年九月十七日辭左大臣）御例放生會以後也、可爲九月由、被仰事、

廿二日　參室町殿、來月大臣御辭退日次有重朝臣（土御門）風記覽之事、
自內以女房奉書被仰下撰哥奏覽左相府可令參給事、
長講堂供僧有兩闕、新補申沙汰事、

（59オ）

新續古今和歌集ヲ奏覽ス

廿三日　參室町殿、大乘院新門主事、人躰令申前攝政（一條兼良）給事、
飛鳥井中納言雅世、今夕撰哥奏覽參內、少將雅親（飛鳥井）可着束帶哉否事相尋事、
大神宮〻司長盛（大中臣）今年秩滿、忠繼（大中臣）拜任所望事、
今夜撰集新續古今和歌集云〻、奏覽事、巨細、

廿四日　參室町殿、緇素群參、賀申撰集事、

自相府被進御劔・御馬於內裏事、　自內不可有其儀由、申入事、

父中山滿親並ニ定親ノ歌入集ス

向飛鳥井中納言(雅世)許、賀撰集奏覽事、(中山滿親、定親父)故殿幷予入作者事、

足利持氏追討ノ綸旨ヲ下サル

廿七日　關東左兵督持氏(足利)、謀逆、被下綸旨於將軍(義教)家事、職事資任(烏丸)綸旨草在之、

幕府多武峰ヲ攻メ落トス

今日官軍攻落多武峯事、依京都御成敗也、

左衞門督(正親町三條實雅)送使者云、室町殿自昨日有犬死穢、其間參入之輩不可有參內事、

今日內裏小御所被立織戸事、於予不甘心、如屛戸可然歟之事、

廿九日　參室町殿、依多武峯沒落人〻可被參入歟、但至朔日有犬死穢、可爲來月二日事、犬死不可有展轉穢之由、伯三位(雅兼王)答事、

九月

九月小

(59ウ)

一日癸未、早旦參室町殿(足利義教)事、人〻如例、

二日　多峯(武)事關白(二條持基)以下被參賀事、

足利義教左大臣ヲ辭ス

自禁裏(後花園天皇)同被賀仰事、

今日令辭申左大臣給事以女房聞食由、有勅答、歸參相府(義教)申其由事、

明後日四日、可被行任大臣節會、於室町殿仰奉行職事〻、

關東乱逆御祈七个所五壇法幷護摩事予可奉行由、有仰事、

長講堂修理

三日　泉涌寺(玉峯善瑩)住持付女房勾當(東坊城茂子)奏聞、可遣綸旨由、有勅答事、
天台二會講師可宣下事、　又法勝寺住學生同宣下事、
中將繁(山科)右朝臣申上階(従三位)事、「消息案、」(補書)　又長講堂破壞御修理事、
頭中將持季(正親町)朝臣任大臣節會公卿已下御點持來事、
嘉慶(二年五月二十六日)度鹿苑院(足利義滿)入道殿令辭退左府給日參陣公卿幷任人事大外記業忠(清原)注進事、　下﨟任槐
日上﨟勤內弁之例事、
万里小路大納言(時房)任槐所望、被送書狀事、

四日　持季朝臣來傳勅定、今夜任槐任人事、
任人折紙持參室町殿、人々昇進御沙汰事、」
予昇進有存旨加斟酌事、

任大臣節會

(60オ)

今夜任大臣節會事、雨儀、巨細、內弁洞院大納言、實熈、奉行頭中將持季朝臣、○近衞房嗣轉左大臣、鷹司房平轉右大臣、西園寺公名任內大臣、六卷百五十六頁參照、
条々不審事、

五日　參室町殿進入去夜小折紙幷聞書ホ事、　又昇進人左府(近衛房嗣)以下被參入事、　予申次事、

自大外記師勝（中原）朝臣許送聞書事、
新中納言隆夏（油小路）、追參室町殿可申拜賀歟之由、示合事、

六日　仰頭弁幸房（清閑寺）朝臣泉涌寺住持綸旨書遣事、案在之、

七日　泉涌寺住持綸旨渡寺家使者事、

八日　今夜內府（西園寺公名）來臨、被示合大將辭退間事、

九日　參室町殿進平座散狀事、
左衞門督（正親町三條實雅）入來、被尋問錦御旗調進誰人哉之由、答未得所見之由事、

十日　內府任槐以後可有御免小番之由、付內侍奏聞事、

十一日　參室町殿進入例幣散狀事、

世尊寺行豐錦御旗ニ銘ヲ書ク

十二日　前宮內卿行豐（世尊寺）朝臣奉仰書御旗銘之由、有沙汰事、

（60ウ）

十四日　禁裏御修法事、阿闍梨持円僧正・宗觀僧正間可被仰試事、

十五日　前相府（義教）殿御法樂續哥於左衞門督第有披講事、人數事、

後花園天皇錦御旗ヲ幕府ニ下ス

十六日　公家錦御旗今朝未明肥前守爲種（飯尾）持參室町殿、於聖護院（滿意）有御加持事、
先規相違事、　又書樣事、

十七日　參室町殿、來廿四日尊星王法結願參入公卿・殿上人申御點事、

廿日　自仁和寺宮（承道法親王）賜御使、當年室町殿爲御重厄、修法可爲何樣哉事、
　參室町殿、御室（承道法親王）令申給御祈事披露、御氣色無子細事、

廿一日　參室町殿、永豐朝臣（高倉）談云、關東（足利持氏）事及難義、可令進發給哉不〔否カ〕有評定事、
　延引分治定事、

室町殿尊星王法結願

廿四日　室町殿尊星王法結願、日中儀事、一會、巨細、

廿五日　室町殿御修法、於准大法者御室無例、初度之儀可被行小御修法事、〇六卷百五十六頁參照、

廿七日　早旦參室町殿、午刻向和哥所事、
　今夜仁和寺宮二品承道親王、於寢殿令修愛染王法給事、殿上人着布衣、取脂燭事、

廿八日　室町殿法樂和哥於左衞門督第有披講事、人數如例、」

十一月

（35ウ）

十一月大

一日壬午、參室町殿（足利義教）、朔日人數如先〻事、

三日　參室町殿進平野祭・春日祭朩散狀事、

四日　參室町殿進入梅宮祭散狀事、

五日　鎭魂祭可參向哉由、有勅定（後花園天皇）、申可存知之由事、

六日　參室町殿前攝政(一條兼良)被申若公名字事、

長講堂御修理無沙汰事有被仰下之旨事、

參室町殿、前攝政被申御名字事爲過分事猶斟酌由可申由、有仰事、

十日　參室町殿、申按察(三條西公保)申神宮月讀宮千木・鰹木・覆左右板・表葺ホ落事幷宮司間事、

十二日　參室町殿、申条々、

(27オ)

一、左府(近衛房嗣)被申極位事、　一、內府(西園寺公名)辭申左大將事、後進殿大納言(二條)持通、被望申事、

一、東寺一長者(房仲)辭申、後進人三寶院(義賢)僧正被注申事、

未刻參內、右条々付女房(東坊城茂子)勾當、奏聞事、

此次住吉神主(津守國博カ)申中務大輔事、　同氏人申正下五位事、

吉田社司秀兼改姓於卜部申正下五位事、

勅答、私改姓申一級之条奇怪可誡仰事、

東寺々僧申法印事、　長講堂御修理事、

招左中將家輔朝臣(月輪)、勅答幷前相府(義教)仰ホ之趣申殿下(二條持基)事、

幕下辭退、｡勅答趣以消息申內府許事、

招頭中將持季朝臣(正親町)、仰条々可宣下之旨事、

十四日　園(基秀)中納言・四辻(季保)中納言各當職辭退以便宜可奏聞之由、返答事、

十五日　按察被申外宮權祢宜(秦)重久起請文事、

左相府殿(義教)三社法樂和哥於左衞門督(正親町三條實雅)第有披講事、

十六日　自三寶院賜使者、成淳僧正補長者宣案可申請事、又彼僧正轉正可申沙汰事、成淳未經加任、直補一長者爲過分儀、先可蒙加任長者宣旨事、

園・四辻兩納言辭退事勅許、其替暫可爲闕欤事、

諸人足利義教ニ關東平定ヲ賀ス

十九日　參室町殿、進入大原野祭幷小除目散狀事、

關東逆徒悉討取之由、注進、人々群參室町殿賀申事、

今夜被行小除目幷敍位事、上卿中御門中納言、宗繼(松木)、書手六条宰相中將、有定、」

(27ウ)

鎭魂祭參向ス

廿日　參室町殿、進入去夜小除目・敍位ホ小折紙・聞書ホ事、

鎭魂祭參向事、作法巨細、

廿二日　參室町殿、進入新嘗祭・豐明平座ホ散狀事、

今夜新嘗祭事、　新宰相中將定長(土御門、本年九月四日任參議)、拜賀事、

廿三日　豐明平座事、

廿六日　以左衞門督、關東靜謐之由、被奏聞事、

廿八日　前攝政息（一条教房）歳十七、元服事、有存旨不參、申可被加散狀之由事、加冠主人（兼良）、理髮頭中將持季朝臣云々、

十二月大

一日辛亥、參室町殿（足利義教）各入見參如例事、〇六巻百五十七頁參照、

大夫親長（甘露寺）去月（二十八日）元服、・季［秀］治（壹岐）同日首服、ホ初參入、予申事由入見參事、〇六巻百五十七頁參照、

二日　自內（後花園天皇）以女房奉書被仰下云、申藤原（四辻）秀治［季春］敍爵幷侍從宣下事、〇六巻百五十八頁參照、

三日　參室町殿、依御霜腹氣不令出座給事、

足利義教煩フ

六日　參室町殿ホ持寺御八講条々伺申事、」

（18オ）

自內裏以女房奉書被仰下云、貢馬傳奏可存知、申畏承由事、

七日　參室町殿、故鹿苑院殿（足利義滿）左府御辭退時（嘉慶二年五月二十六日）、源氏長者同御辭退、然者御辭退、尋日次可奏聞之由、有仰事、

貢馬用途事仰遣大和守貞連（飯尾）許事、

八日　參室町殿申兩條、按察大納言（三條西公保）申大神宮々司事、　法性寺座主事、

以消息付女房〔申〕法性寺座主幷貢馬御覽御隨身御訪加增事、

九日　自來十四日可被行御修法阿闍梨可計申之由、有勅定事、

諸人義教ニ關東賊首到來ヲ賀ス

十一日　參室町殿、依關東賊首到來緇素參賀事、　又年來不許之輩依恩免初參入、予申次事、
月次祭事、　源中納言重有（庭田、本年三月三十日任權中納言）奏慶事、

十二日　參室町殿、御八講參仕所望人々事伺定事、
自左相府殿（義教）被仰云、
前彈正少弼持豐（山名）望申右衞門佐宣下事、

等持寺御八講

十四日　早旦參室町殿、次參等持寺八講堂事、
今夜右大弁宰相資親（日野、本年三月三十日任參議）奏慶事、

十五日　御八講第二日事、

（18ウ）

十六日　御八講第三日事、

十七日　御八講事、
自内被仰下云、小倉大納言入道（公種、法名性修）猶子藤原實右（小倉）申從五位下宣下事、

十八日　參室町殿、次參八講堂事、委細、

十九日　參室町殿、貢馬用途五萬疋内三千五百疋自三寶院（義賢）被致沙汰事書消息、遣藏人方事、〇六卷百五十八頁參照、

廿日　今夜新宰相中將定長（土御門）、被聽直衣、初着用參内事、依堅固密儀、不及帶劒、召具隨身云々、

廿三日　參室町殿、大乘院童形（尋尊）、入室後初參入、予申次事、

公卿補任

義敎參內ス

貢馬御覽傳奏ヲ勤ム

廿四日　鹿苑院入道殿左大臣御辭退之時、同令辭源氏長者給之由、兩局注進事、
後日引勘公卿補任、嘉慶二(五月二十六日)令辭左大臣給幷淳和院別當給、於奬學院別當幷源氏長者如元之
由、見。前左大臣部事、
右少弁俊秀(坊城)可被補五位藏人事、　大炊御門前內府(信宗)息敍爵之執奏所望、同申入事、以上以消
息付女房事、
鹿苑院殿左大臣御辭退之後、親族拜停否事、
今夜被行小除目事、

(66オ)

廿五日　來年室町殿親族拜有無事、左府御辭退翌年被停止之由、(×事)有所見事、」
今夜內侍所御神樂被行事、
廿六日　參室町殿、歲末御參內可爲明日早旦由、被仰、仍申入內裏事、
廿七日　參室町殿、緇素群參如例年事、
前左相府參內事、依初雪俄一獻申沙汰事、
今夜有貢馬御覽事、予傳奏事奉仰事、
廿九日　參室町殿、貢馬支配折帋進入事、
卅日　早旦參室町殿、年始御參內如例可爲十日歟之由、伺申事、

殿上管領座次相論

依當番參內、以勾當(東坊城茂子)被仰云、殿上淵醉管領頭乱位次可着奥座事、〇六巻百五十九頁參照、

羽林方与名家輩相論事、勘例出帶事、〇六巻百五十九頁參照、

万里小路大納言請文事、其内条々不審事、〇六巻百六十頁參照、

永享十一年

永享十一年

參議從二位行左近衛權中將藤原(中山定親)朝臣御判、卅九歳、

正月

正月小

一日辛巳、早旦着直垂參室町(足利義教)殿事、人々參賀如例、〇六巻百六十四頁參照、

(66ウ)

四方拜　四方拜事、奉行職事藏人右少弁俊秀(坊城、永享十年十二月二十四日補藏人)除夜奏慶、〇六巻百六十五頁參照、

節會事、但非巨細、〇六巻百六十五頁參照、

足利義教ノ親族拜無シ

親族拜今年被停止事、故鹿苑院入道殿(足利義滿)嘉慶二(五月二十六日)左府御辭退、康應元、正、一被停止、御佳例事、〇六巻百六十五頁參照、

二日　參室町殿事、淵醉兩貫首(正親町持季・清閑寺幸房)着座相論事、〇六巻百六十五頁參照、

四日　室町殿參賀、次詣右大將(花山院)持忠、第事、〇六巻百六十六頁參照、

秉燭後參內(後花園天皇)、於議定所御對面、則有御盃事、〇六巻百六十六頁參照、

五日　參室町殿、源氏爵御申文御署申出事、〇六巻百六十六頁參照、

六日　未斜詣右〔幕〕暮下花山、有敍位執筆習礼事、初度勲仕、○六巻百六十七頁參照、
中御門中納言(持忠)宗繼(松木)、送書状、筥文幷入眼上卿間事被尋問事、○六巻百六十七頁參照、
敍位
今夜敍位儀事、持忠初度執筆也、雖當執柄(二條持基)衰日不被憚事、巨細、○六巻百六十七頁參照、
七日　參室町殿、進入敍位小折紙事、○六巻百七十頁參照、
九日　參室町殿、參入輩如二日、進入節會散狀幷敍位聞書事、○六巻百七十頁參照、
十日　不出仕、招引人〻聊宴飲事、○六巻百七十一頁參照、
十一日　中斜着直衣先參室町殿事、依有御參內也、○六巻百七十一頁參照、
義教三寶院ニ渡ル
參室町殿、今日御出三寶院(義賢)僧正御房如例年事、○六巻百七十一頁參照、
(29オ)
十三日　參室町殿、聖護院(滿意)僧正准后、爲御加持、・座主(義承)僧正御房ホ被參入、予申次事、○六巻百七十二頁參照、
今夜御方違行幸泉殿、事、○六巻百七十二頁參照、
職事押分配事、殿上下侍爲太元法壇所、仍於鬼間有此事、不甘心事、○六巻百七十二頁參照、
十四日　參室町殿、故刑ア卿永盛(高倉)朝臣子小童參入、予申次事、○六巻百七十二頁參照、
十五日　參室町殿事、參入輩如七日事、○六巻百七十二頁參照、
十六日　參室町殿、傳進踏哥節會散狀事、○六巻百七十二頁參照、
節會事、〔內〕內弁右府今夜被奏慶事、(西園寺公名、永享十年九月四日任內大臣、本年正月五日敍從二位)○六巻百七十三頁參照、

吉田社竝ニ賀茂社ニ詣ヅ

義教青蓮院ニ渡ル

十八日　房能僧正花園、來談云、蓼倉(法雲寺)藥師堂修造事、〇六巻百七十三頁參照、

廿一日　吉田幷賀茂社參事、着衣冠持笏、不及奉幣、〇六巻百七十四頁參照、

廿五日　早旦參室町殿、今日御出青蓮院(義快)門跡、予參會事、〇六巻百七十四頁參照、

廿六日　參室町殿、於左衞門督(正親町三條實雅)第室町殿三社石(石清水)・賀(賀茂)・松(松尾)、御法樂和哥有披講事、〇六巻百七十五頁參照、

廿九日　參室町殿、次向菅三位(東坊城)長政、許有盃飲事、〇六巻百七十五頁參照、

閏正月

閏正月小

一日庚戌、參室町殿(足利義教)事、參入輩如例、聖護院准后(滿意)被參、依昨日渡御御礼也、予申次事、〇六巻百七十五頁參照、

二日　參室町殿、關白(二條持基)・右府(鷹司房平)被參入、於小御所西庭有猿樂事、〇六巻百七十六頁參照、

(29ウ)

四日　向左衞門督(正親町三條實雅)第、依前左相府(義教)仰有續哥事、〇六巻百七十六頁參照、

五日　參室町殿、去二日御引出物自左衞門督方送之事、〇六巻百七十六頁參照、

六日　大和守貞連(飯尾)奉仰示送上杉宮內大輔(憲顯)申刑部大輔宣下事、〇六巻百七十六頁參照、

七日　左中將爲之(冷泉)朝臣依所勞危急申上階(從三位)事、〇六巻百七十六頁參照、

十一日　內(後花園天皇)御咳氣前相府(義教)被召進醫師(淸治)事、〇六巻百七十七頁參照、

諸人足利義教ニ逸見有直討タルルヲ賀ス

十三日　參室町殿、依關東逸見(有直)伏誅事人〻參賀事、〇六巻百七十七頁參照、

冷泉爲之卒ス

諸人義敎ノ男誕生ヲ賀ス

十四日　俊秀(坊城)祈年穀奉幣間事來尋事、〇六卷百七十七頁參照、

十五日　爲之朝臣今朝卒云々、上階事不許、室町殿御氣色依不快事、〇六卷百七十七頁參照、

十七日　參室町殿、依若君(ノチノ義觀)降誕人々進御劔事、同自内裏御劔・御馬被遣事、予爲御使事、〇六卷百七十七頁參照、

廿日　雖爲當番、依御産穢不參事、〇六卷百七十八頁參照、

廿五日　室町殿御法樂和哥於左衞門督第有披講、予依丙穢不參入事、〇六卷百七十八頁參照、

廿九日　參室町殿、無御出座卽退出事、〇六卷百七十九頁參照、

二月大

一日己卯、早旦參室町殿(足利義教)事、人々如例、　大原野祭延引事、

二日　「依」(補書)赤舌日不出仕事、

(30オ)

四日　早旦參室町殿、進入祈年祭散狀事、

右府(鷹司房平)花時分可有渡御由被申之由、披露之、不可有子細之由、有御返事々々、

祈年祭。事、上卿。右大將、持忠(花山院)、行事弁右少弁俊秀(坊城)、

六日　春日祭事、上卿藤大納言俊宗(武者小路)、弁左少弁資任(烏丸)、使右少將雅親(飛鳥井)、内侍出車持俊朝臣(山科)、

七日　參内(後花園天皇)、以大納言典侍(廣橋綱子)泉殿番衆有闕可被召加誰人哉、相計可加入之由、被仰事、

御學問所前腰障子幷長講堂御修理課役事示合左衞門督(正親町三條實雅)事、

十一日　園韓神祭依社頭掃除延引事、

十二日　藏人左少弁資任可遂業由、有仰事、

十三日　祈年穀奉幣事、

十八日　伯卿(雅兼王)申稲荷三社神主轉任事、

廿一日　入夜室町殿令參內給事、人〻參會事、

足利義教參內ス

廿二日　早旦參室町殿、自內被進御引出物予持參事、

廿四日　藏人權弁長淳(土御門)自內爲御使法勝大乘會問者事被仰事、

(30ウ)

廿五日　參室町殿、彗星御祈禱事可申行之由、有仰事、

廿七日　室町殿彗星御祈事、件御祈年〻例十二个度晨照(壬生)注進事、〇六卷百八十頁參照、

廿八日　同御祈、諸社・諸寺幷御持僧ホ、又神祇副官可相觸由、被仰事、

廿九日　法勝寺學頭山門方今一人有闕、可申沙汰之由、被仰事、

三月

三月小

一日己酉、參室町殿(足利義教)事、人〻參賀如例、

足利義教鞍馬ニ於テ花見アリ

二日　室町殿今日令出鞍馬給、花御覽事、

五日　參室町殿、內裏（後花園天皇）番衆五人有闕、其替奏聞伺定事、

又稲荷祭礼料敷地役綸旨經奏聞事、

鹿苑院文庫

八日　來十三日後白川〔河〕。院聖忌（建久三年三月十三日崩）、宸筆御經自鹿苑院文庫可召出由、被仰事、

禁裏仁王經法

自今夜於禁裏義賢僧正被行仁王經法事、

十四日　禁中仁王經法結願事、其儀如院中、公卿取伴僧裏物云々、於禁中如何事、

縣召除目

自今夜被始行除目事、奉行頭中將持季（正親町）朝臣、執筆三條大納言實量、初度勤仕事、　○六卷百八十四頁參照、

大間繆樣不審事、

（31オ）」

十六日　除目入眼、依凶會幷執柄（二條持基）衰日延引事、

十七日　着直衣參內、內々和哥御會事、人々參候事、　御會作法事、

十八日　今夜除目入眼任人事以勅定趣申沙汰事、

義教石清水八幡宮ニ詣ヅ

廿七日　室町殿自北野御還向、卽御參詣八幡、予扈從事、巨細、別記有一卷事、

四月

四月大

一日戊寅、參室町殿（足利義教）事、

平座事、公卿四条新中納言(油小路隆夏)、少納言周茂(岡崎)、弁右中弁長淳(土御門)、
賀茂祭、傳奏万里小路大納言(時房)、典侍權大納言典侍(日野有子)可沙汰立之由、被仰左大弁(松木宗繼)事、

七日　平野祭事、非巨細、

八日　梅宮祭事、同前、

室町殿仁王經法

九日　室町殿仁王經法結願事、阿闍梨前大僧正義賢、伴僧廿口、公卿・殿上人參入事、

十八日　警固事、上卿葉室中納言(宗豐)、左近府少將基有(園)、將監源爲治、

十九日　日吉祭事、

廿日　賀茂祭事、予依當番着直衣參內、卷纓、於勾當內侍(東坊城茂子)局北陣儀有御覽事、事了有御盃、參御前事、

(31ウ)

廿一日　解陣事、此次被行公卿分配事、書手四条宰相隆遠(鷲尾)、

廿三日　吉田祭事、

彗星御祈

自今夜於御殿聖護院僧正(滿意)被修尊星王法事、彗星御祈、前相府(義教)中沙汰事、

玄宮北極祭

今日從三位有重卿(土御門)於私宅爲同御祈、奉仕玄宮北極御祭事、

同前左相府令申沙汰給事、先例於大極殿被行事、

廿七日　御殿御修法修中免者幷致生禁斷事、免者陣儀、致生禁斷以口宣下知事、

廿八日　義賢僧正被申內裏仁王經法幷室町殿仁王經法勸賞事、〇六巻百八十六頁參照、

廿九日　今日御殿尊星法結願事、公卿・殿上人參入事、

五月小

一日戊申、參室町殿（足利義教）事、人〻參入事、
四日　參室町殿、自内（後花園天皇）被進藥玉於前左相府（義教）幷若公御方（足利義勝）、予持參事、
五日　參室町殿、人〻參入、如朔日事、
室町殿大般若經法結願
九日　室町殿大般若法結願參入事、一會作法、巨細、
十四日　尊星王法賞可申寄有職三口於聖護院（滿意）旨可申沙汰之由、被仰事、
（32オ）
十五日　參室町殿、四位大外記師勝（中原）朝臣申米穀課役駕輿丁ホ無沙汰事、
仰武家公人可令相催由、仰伊勢守貞國（伊勢）事、
十九日　止雨奉幣可申沙汰由、昨日左相府有仰、今朝依天氣仰頭中將（正親町持季）事、
陰陽頭（賀茂在成）未復任、重喪身如神事可有憚歟之事、　神事寅日有沙汰事、　卿位已後勘進日時
多其例之由申事、
後花園天皇煩フ
廿三日　主上御腹俄令煩給、參室町殿、申事由被召進醫師淸阿、事、
廿九日　主上未令本腹（復）御、重淸阿候御脉事、

六月
九條滿家足利義教男ヲ養子トセンコトヲ請フ
義教青蓮院ニ渡ル
義教妙法院ニ渡ル
義教二條持基第ニ渡ル
和歌所文書ヲ返シ遣ス
七月

六月大

一日丁丑、早旦參室町殿（足利義敎）事、人々參賀如例事、
九日　參室町殿、自前關白（九條滿家）被申請若君一所可奉養子之由、被申旨申入披露事、
十一日　月次祭事、上卿依神今食參向相兼事、
十四日　室町殿渡御青蓮院東山、事、　予參會事、
廿日　同御出妙法院（敎覺）事、同參彼坊事、
廿一日　筌一座事從室町殿被仰家秋（豐原）事、遣家秋奉書々樣事、
(32ウ)
廿三日　參室町殿、次向和哥所、次依召參內（後花園天皇）、故院（後小松天皇、永享五年十月二十日崩）御七回御佛事料被仰事、
廿六日　室町殿令渡執柄（二條持基）第給事、聖護院（滿意）僧正以下公武參會、有御連哥事、
廿七日　今夜勅撰（新續古今和歌集）返納事、無殊作法、
廿九日　和哥所文書取納事、自御所々々被出之文書櫃二三合、又室町殿文書ホ、各返遣之事、
卅日　大祓事、

七月大

足利義教勅撰奏覽本ヲ禁裏ニ返獻ス

一日丁未、室町殿(足利義教)參賀事、人〻如例、
勅撰(新續古今和歌集)奏覽本前相府(義教)以予令返獻給事、

義教男鎌倉府ニ下ル

二日　室町殿人〻參賀事、若君(ノチノ義永カ)令下向關東給故云〻、自內(後花園天皇)被賀申、予勤御使事、

四日　祈雨奉幣可申沙汰之由、仰藏人左少弁俊秀(坊城)事、

五日　參室町殿、按察大納言(三條西公保)申內宮心御柱篣損間事、〇六卷百八十七頁參照、

七日　參室町殿、草花二瓶居盆、被進禁裏、予持參事、付勾當內侍(東坊城茂子)、

義教ニ內豎相論等ニ就キ申ス

八日　參室町殿、申內豎相論、　駕輿丁申鹽商人事、圖書寮允・屬相論幷關白(二條持基)被申官文庫修理等事、」

(33オ)

十日　來十四日月蝕御祈阿闍梨事、奉行職事俊秀持來散狀事、
今夜自仁和寺宮(承道法親王)有御使、隆經法印蝕御祈所申領狀也、則經奏聞事、

唐招提寺義教ニ佛舍利ヲ獻ズ

十一日　參室町殿、申一乘院評定衆申詞事、
自南都招提寺舍利一粒到來、可預置法金剛院之由、仰之事、

十四日　參室町殿、申出招提寺御舍利封御判事、

月蝕

十五日　月蝕正現、御祈頗無效驗事、

廿六日　以女房奉書被仰下云、後小松院(永享五年十月二十日崩)御七回御佛事如後円融院(應永六年四月二十六日七回忌)可被行之由、可申室町殿由事、

廿八日　參室町殿、申泉涌寺住持(玉峯善瑩)入滅事、新命可注進器用由、被仰寺家事、

八月

足利義敎南禪寺花雲院ニ渡ル

入江殿聖智ノ寂ヲ弔フ

廿九日　依召參內、放生會上卿各故障、可爲何樣哉之由、被仰事、

卅日　放生會上卿及闕如、可被存知之由、相催四条中納言（隆盛）幷中院大納言（通淳）事、

八月小

一日丁丑、參室町殿（足利義敎）事、人〻參賀如例、

尺奠延引事、

（33ウ）

四日　止雨奉幣可申沙汰之由、仰遣頭中將（正親町持季）事、今日則被行之事、

五日　自內裏（後花園天皇）被仰下醫師、今日爲重日非殊御事者明日可申由、申入事、

六日　參室町殿、申主上御蚊觸可被進醫師之由事、

七日　禁裏御瘡御內藥、大膳亮厶（盛家カ）可然之由、從室町殿令申給事、於黑戶前切馬道候御脉事、

九日　室町殿御出南禪寺花雲院、直渡御花頂（敎助）、予參會事、

十日　室町殿爲御使參內幷伏見殿（貞成親王）、申入江殿（聖智）崇光院姫宮、去夜有御事、御事〻、

泉涌寺新命以寺家注進入見參、可經奏聞之由、有仰事、綸旨書樣事、

十一日　左少將昌家（姉小路）被召加小番之由、書遣消息事、

十二日　權大僧都重慶法印所望事、彼祠官直敍流例事、大法師農淸・仲淸任法眼事、

十五日　參室町殿、進放生會散狀事、
依召參室町殿、被仰下云、雲龍院住持被退了、以泉涌寺前住可被新補事、
十六日　室町殿自大德寺直渡御座主御坊事、（義承）
義教梶井ニ渡ル
入〻　入夜右少將雅親來問駒牽作法事、大概以次第示之事、（飛鳥井）
十七日　依召參入室町殿、來廿七日可申沙汰一獻之由可參申內裏之由、有仰事、則付勾當內侍（東坊城茂子）
勅答之趣、以申次伊勢守申入事、（伊勢貞國）
二
（34オ）廿五日　室町殿渡御北岩藏實相院僧正山庄事、予參會事、（義運）
義教實相院ニ渡ル
廿五日　前肥前守爲種奉仰示送云、左衞門佐源滿顯・刑ア少輔同敎顯宣下事、（飯尾）（小原）（小原）
廿七日　前相府參內、有一獻事、被進御劔金作墨鞘・御馬河原毛・千貫有折紙ホ事、（義教）
廿八日　參室町殿、未初刻關白被參、有猿樂、入夜退出事、（二條持基）
廿九日　室町殿御出西八条寺、号遍昭心院、直渡御妙法院事、予參會事、（照）

九月大

九月

一日丙午、參室町殿事、人〻如例、（足利義教）
五日　參室町殿、故院聖忌間事勅定趣申之事、委注別記、（後小松天皇、永享五年十月二十日崩）

六日　康暦二年(正月二十九日、光嚴天皇七回忌)御懺法、故鹿苑院殿(足利義満)令候〔奉カ〕共行給事、

万里小路大納言(時房)來臨、被示合彼御法事間事、如康暦・應永(六年四月二十六日、後圓融天皇七回忌)ホ例可被申沙汰之由、示之事、

九日　參室町殿、進入平座散状(烏丸)資任所進也、事、人〻參賀事、

十一日　例幣事、宣命有辭別、神宮心御柱觧破損事云〻、〇六巻百八十七頁參照、

十七日　室町殿尊星王法結願、未明參入事、法會作法事、

廿一日　參安樂光院、檢知作事、　又御八講鋪設事加下知事、

(34ウ)

母遠忌佛事

廿六日　先妣(土岐滿貞女、永享三年九月二十六日没)御遠忌如形修之事、　詣墓所事、

御八講〻師清意法印辭退替可注進由、仰慶暹事、

卅日　參室町殿、中御冠師幷羅織ホ御訪事、

十月

十月大

一日丙子、參室町殿(足利義教)、各入見參退出事、

藏人左少弁俊秀(坊城)自〔申カ〕綱所申範兼擬講事、

鴨御祖社祝(鴨伊香)轉任事、

二日　正大僧都座次威儀師(慶暹)注進事、〇六巻百八十八頁參照、

範兼申擬講事幷鴨祝轉任事、　神事・法事一度宣下不可然歟之間、別仰遣事、

四日　自內有女房奉書、(後花園天皇)內〻所被仰下之絃御所作事法事之時初御沙汰、如何事、

五日　鴨御祖社新權祝(鴨)伊香來云、次第轉任如先規可被宣下歟事、条〻申詞事、」

(37オ)
九日　實助大僧都敍法印、實濟僧都轉正事仰職事〻、

從室町殿被尋仰北野一万部讀經事相尋大外記業忠(清原)之處、應永十七年依鹿苑院殿(足利義滿、應永十五年五月六日薨)第三回御佛事有此事之由、注進事、

伺定勝定院入道殿(足利義持、正長元年正月十八日薨)十三回御法事幷明年鹿苑院殿卅三年御仏事尗事、

十三日　參室町殿、御懺法散花殿上人每日散狀幷御講所作人散狀令頭中將(正親町持季)書進事、

晄頭付勾當內侍(東坊城茂子)申御懺法条〻事、今夜御懺法講御樂習礼事、

十四日　參室町殿、今日御八講可令聽聞給之由、有仰、參御堂檢知御丁聞〔聽〕所事、

室町殿御懺法

十六日　自今日於御殿被行御懺法、其儀注別記事、

十七日　同第二日事、

十八日　第三日事、

十九日　參室町殿、進入安樂光院曼供散狀・僧名尗事、

後小松天皇七回忌佛事

今日奉爲後小松院於安樂光院被行曼荼羅供、　又當御懺法中日事、

廿日　後小松院（永享五年十月二十日崩）七回聖忌御正日也、相當御懺法第五日、又被行免者事、

廿一日　御懺法第六日事、

（37ウ）
廿二日　御懺法結願事、有音樂、　室町殿有御參內事、○六巻百八十九頁參照、

廿三日　室町殿有御參內、有一獻、御精進解申御沙汰事、

廿五日　鴨新權祝以下轉任事仰藏人左少弁俊秀事、

根本中堂供養記錄

廿六日　以肥前守（飯尾）爲種被下自山門所注進之根本中堂供養記錄、以折中儀可申沙汰由、有仰事、明年可被遂行云々、○六巻百八十九頁參照、

廿七日　平野預兼勝（卜部）宿祢申同社權預事幷伯三位（雅兼王）申稻荷中社神主死去、次第轉任事、平野社々司轉任幷新補事兼勝宿祢注進一紙幷稻荷社司次第伯三位（雅兼王）注進一紙有之、於平野社司者爲源氏長者（義教）宣、於稻荷社司轉任事者以消息仰藏人左少弁俊秀了、

足利義教ヨリ家領ヲ下サル

廿八日　參室町殿、被充行家領一所江州（野州郡）水保云々、事、○六巻百九十九頁參照、
惣在廳（慶暹）注進根本中堂供養儀大略同山門注進旨、有不審事ホ事、○六巻百九十九頁參照、

廿九日　○空白、
清大外記業忠（清原）中堂供養儀山門注進相違國史条々注一通持來事、○六巻二百二頁參照、
藏人左少弁俊秀來仰云、奉勅定平野預兼勝（卜部）宿祢申次男兼孝敍爵事、

足利義教蓮花王院建立等ノ年紀ヲ問フ

（62オ）

十一月小

一日丙午、參室町殿（足利義教）、各入見參退出事、

二日　參室町殿、蓮花王院建立幷炎上、重又新造年紀ホ可注進由、有仰事、晨照宿祢（壬生）山門中堂供養幷講堂供養儀注載一通持來事、〇一日條ナラン、六巻二百四頁參照、

三日　平野祭上卿幷弁事、以上分配、

春日祭上卿・弁・使事、

平野臨時祭御禊、持季朝臣（正親町）候陪膳、俊秀（坊城）爲役供事、使治ア權少輔時兼（西洞院）勤之、

於黑戸有一獻、各參入、人々被下白御小袖、去月御精進解餘殘御賞翫事、

四日　參室町殿、延暦寺根本中堂供養儀山門注進趣不見國史、毎事相違由、官・外記申之、以此旨可仰遣山門之由、被仰事、〇六巻二百七頁參照、

義教法曹輩ニ稽古ヲ命ズ

此次法曹輩不稽古之由、申之、惣本朝書籍ホ可被書寫集、又明法道者可稽古之由、可仰含之旨、有仰事、〇六巻二百七頁參照、

七日　自今夜桓昭僧都号山岡崎、御修法、脂燭殿上人如何事、条々有子細、〇六巻二百八頁參照、

異國來朝年々

（62ウ）

十二日　參室町殿、異國來朝年々・業忠（清原）注進一卷進入事、〇六巻二百九頁參照、

八坂法觀寺塔供養寺家記

十五日　參室町殿、八坂法觀寺塔供養寺家記先日被下之、施主出立樣有御不審、相尋業忠之處、無所見由申之事、
吉田祭上卿・弁事、
御法事用途相殘分可被加安樂光院御修理哉之事、
八幡祠官陽清法眼事、

十六日　參室町殿、伺申悲田院住持事以泉涌寺連署備台覽、可爲聖什房之由、有仰事、

十九日　大原野祭上卿・弁事、

廿日　園韓神祭上卿・弁事、

廿一日　鎭魂祭上卿・弁、依分配參向事、

義教男着袴

廿二日　室町殿若公御着袴事、
新嘗祭上卿・參議・少納言・弁事、

廿三日　豊明平座公卿・少納言・弁ホ事、

廿七日　四位大外記師勝（中原）朝臣依所勞幷窮困、辭當職間事、彼申狀付勾當（東坊城茂子）內侍奏聞事、」
師勝朝臣當職辭退替、內〻可被召仰師鄉（中原）朝臣哉之事、

（68オ）

廿九日　俊秀（坊城）示送云、月次・神今食事局務一定之間、師勝朝臣可申沙汰之由、可仰遣欤之由事、

十二月大

一日乙亥、參室町殿（足利義教）、參入人〻如例事、
師勝（中原）朝臣捧辭狀了月次祭事申沙汰、如何事、雖捧辭狀無勅答（後花園天皇）、其間可申沙汰之由、問答事、
前右府（三條公冬）有被參室町殿事、不能御對面以書狀可申右府（公冬）由、有仰事、　返報被注名字二字、如何事、

二日　師勝朝臣申狀今日奏聞、被下女房奉書事、
月次・神今食事局務（師勝）可申沙汰由、相副女房奉書仰遣俊秀（坊城）事、

四日　關東上杉彈正少弼（持朝）申正五位下・修理大夫ホ事、

六日　參室町殿、伺ホ持寺御八講僧名幷公卿・殿上人ホ事、

（68ウ）
自內以女房奉書被仰下云、元三御服御足早〻可被付幷貢馬傳奏」可存知、申畏承之由事、

七日　謁大和守貞連（飯尾）、仰元三御服用途幷貢馬用脚ホ事、於貢馬用途者、遣奉書事、
惣在廳慶暹來、御八講〻師今度悉法印也、仍行香・三礼法印勤仕、如何事、

九日　俊秀只今向頭中將（正親町持季）許、節會內弁・敍位執筆被下御點之由、來談事、
此次又云、歲末御修法可爲准大法、阿闍梨可爲宗觀僧正之由、被仰事、

山井景親卒ス

今朝笛師前筑前守大神（山井）景親死去事、年六十二、

十一日　月次祭上卿・參議・弁・少納言ホ事、

出納小舍人ホ來、申請貢馬用途奉書、仍書遣事、

十三日　自今日於御殿被行不動法事、阿闍梨宗觀僧正、

等持寺御八講

十四日　參室町殿、進入ホ持寺御八講手番僧名・公卿以下散狀ホ事、予着束帶參入事、

十五日　同第二日事、每日散狀持參室町殿事、

十六日　同第三日事、

十七日　同第四日事、

○後闕クカ、

」

○尊經閣文庫所藏薩戒記目錄ヲ以テ底本トス、底本錯簡アリ、今コレヲ正ス、

（後補表紙題簽）「薩戒記目錄」

（原表紙）「

（別筆、下同）「庚午（元祿三年）十二月三日、書寫校合相濟、」

（押紙）「

無疑御本、中古以前ノ本也、大方ハ其元本也、元本油小路殿、「庚午十二月十二日再校相濟、有澤彌三郎、吉田半丞、」

庚寅（寶永七年）秋七月下旬、以大系圖・公卿傳・薩戒記・年代記ホ令參攷、

定親卿之記依無異論、副本記者也、

但目六之內書寫之誤有之間、以本書考合繕寫之、可收薩戒記之箱內也、

○此處ニ切斷貼繼跡アリ、

薩戒記目錄 永享二年ノ次ヘ可書入、其節次第吟味可繕寫也、

」

○前闕ク、正長元年十月記目錄ナリ、

（6オ）十四日　右大弁親光（廣橋）中納言事、○四卷百二十二頁參照、

十五日　造官廳間事、消息、○四卷百二十二頁參照、

尊經閣文庫所藏薩戒記目錄　正長元年十月

中御門高倉火ク

足利義宣後小松上皇ノ出家ヲ止ム

室町殿五壇法結願

十一月

辭尊号（後小松上皇）沙汰間事、○四巻百二十四頁參照、

中御門高倉焼亡事、○四巻百二十四頁參照、

十六日　院御素懐事自武家（足利義宣）被抑留申事、○四巻百二十五頁參照、

十七日　造官廳日時定事、有儀、　○四巻百二十六頁參照、

十八日　左・右大弁上階（従三位）事、（日野）秀光・親光、　○四巻百二十八頁參照、

當代（後花園天皇）雖未被聽直衣着用事、○十九日條ナラン、四巻百二十九頁參照、

廿日　院御亥子事、○四巻百二十九頁參照、

廿三日　住吉權神主國博（津守、本年十月二十一日）敍爵事、口宣、　○四巻百三十頁參照、

廿七日　室町殿（義宣）御鞠可參入之由、日野中納言入道（烏丸豊光、法名祐通）示送事、○四巻百三十一頁參照、

廿八日　『〔 〕』室町殿五壇法日中結願事、○四巻百三十二頁參照、

室町殿御鞠延引之由、被示送事、○四巻百三十二頁參照、

十一月

一日　參室町殿（足利義宣）事、

忌火御飯事、

稱光天皇百日佛事

津守國豐卒ス

(6ウ)

後小松上皇初メテ足利義宣ニ書ヲ送ル義宣御劒ヲ獻ズ土一揆京中ニ入ル

稱光院(本年七月二十日崩)御百ケ日御法事〻、
依同事今日小除目延引事、
『乀』武家(義宣)被奉願書於五社之由、有其說事、
頭中將(油小路隆夏)被示合洞院大(中)納言(實熙)勅授宣下事、口宣、
住吉神主國豐(津守)死去、其子國博(津守)可轉任之由、申入事、
小除目事、左(日野秀光)・右(廣橋親光)大弁任納言事、
幸房(清閑寺)・明豐(中御門)依位階上﨟任弁官加政光(裏松)上事、
忠長(甘露寺)自五位藏人直補頭事、四品宣下事、
四日　賀昇進人〻事、
五日　外記送除目聞書事、施藥院使書所事、
六日　土一揆狼藉事、
七日　自院(後小松上皇)以三寶院僧正(滿濟)被仰室町殿事、
初被進御書、仍被進御劒事、
八日　土一揆進來京中事、
九日　同事、

武士仙洞ヲ圍ムトノ風聞アリ
十日　武士奉圍仙洞之由、有浮説事、

空也上人御堂火ク
依土一揆放火空也上人御堂燒亡事、

諸家被官人土一揆ニ與スベカラザルノ由下知ヲ命ゼラル
十一日　諸家被官人不可与土一揆之由可下知之由、被相觸事、出請文事、

十二日　春日祭事、

十五日　豐明平座被催事、消息、

十六日　(足利持氏)關東上洛必定由、有聞事、

男中山親通着袴
十八日　(中山親通)男子着袴事、

鎭魂祭參向事、

新嘗祭
十九日　新嘗祭事、」

(7オ)廿日　豐明節會事、依頭・藏人ホ不參、六位藏人申沙汰事、

廿二日　頭弁忠長朝臣借受手文筥蓋事、

手文葛調樣事、

拜賀日不必具手文歟事、

廿三日　吉田祭弁不參儀事上卿被示合事、

廿四日　御帳臺日時定幷行事所始事、

吉田祭事、依弁不參上卿与社司舁御棚事、

伊勢國ニ於テ合戰アリ

伊勢國合戰始事、

足利持氏上洛セントス

關東爲京上門出事、

院有御哥事、

廿六日　新中納言親光(廣橋)、觸來月御八講參事、

廿七日　院御樂事、

敍位執筆次第

廿八日　初習神樂事、

勸修寺中納言(經興)借送敍位執筆次第事、

十二月

十二月

諸人足利義宣ニ關東ノ無爲ヲ賀ス

一日　依關東無爲左右人〻可參賀室町殿(足利義宣)事、

二日　室町殿御鞠可爲來十七日由、烏丸中納言(豐光、法名祐通)入道示送事、

飛鳥井宰相(雅世、本年十月二日父飛鳥井雅縁薨)遭喪後初入來事、

依兩道(歌道・蹴鞠)之長書札用別礼事、

五日　引導治ア卿經時(町)朝臣向飛鳥井宰相許事、

室町殿御鞠可爲布衣事、飛鳥井宰相奉行此事〻、

(7ウ)

六日　明日御鞠間事、

香布衣不可用事、

蹴鞠間問答五个条事、

七日　室町殿御鞠延引事、

室町殿鞠會

八日　同御鞠事、

条〻問答事、

敍位執筆ニ催サル

九日　敍位執筆蒙催事、

十一日　自今朝始神今食神事〻、

仙洞(後小松上皇)御粥頭可沙汰之由、一位(廣橋兼宣カ)被示送事、

神今食參向事、

院御粥事、

十三日　新中納言親光(廣橋、本年十一月三日任權中納言)、奏慶事、

十四日　院御連哥事、

等持寺御八講

十五日　ホ持寺御八講第二日事、參入、

十七日　同第四日事、參入、

十八日　同結願事、勝定院殿（足利義持、應永三十五年正月十八日薨）御周忌被引越之事、

頭右大弁忠長（甘露寺、本年十一月三日任右大辨、敍從四位下）朝臣奏慶事、仙洞依御寢、不奏吉書退出事、

十九日　院御粥事、

院執權事被仰盛光（日野西）卿事、當御代執『權』（×柄）已五人事、　○日野重光・烏丸豐光・日野有光・裏松義資、

永享元年二月

（2オ）四日　○此間闕ク、以下永享元年二月記目録ナリ、

敍位執筆事九条宰相（海住山清房）受入道前右大將（久我通宣、法名大悦）説事、○四巻百五十七頁參照、

非攝家者不可爲執筆先達事、不審事、○四巻百五十七頁參照、

十三日　中御門前中納〔言脱〕入道宗宣（松木）卿、恩免出仕事、（應永二十五年九月二日後小松上皇勅勘）○四巻百五十八頁參照、

十五日　縣召除目可候執筆之由、被仰下事、○四巻百五十九頁參照、

遠國僧（有海）官宣下申沙汰事、爲故老之由、後聞事、○十六日條ナラン、四巻百五十九頁參照、

後花園天皇讀書始

十七日　主上（後花園天皇）御讀書始事、宗業（清原）眞人、○四巻百六十頁參照、

烏丸豐光薨ズ

十八日　入道中納言豐光（烏丸、法名祐通）卿薨去事、○四巻百六十頁參照、

廿一日　除目執筆被責伏事、○四巻百六十一頁參照、

「故」(補書)入道中納言豊光卿任大納言間事、〇四巻百六十一頁參照、

三月

正長二年己酉、

三月

三日　室町殿(足利義宣)御參內(後花園天皇)扈從間事中將實雅(正親町三條)示合事、〇四巻百六十三頁參照、

五日　賀州二村(加賀國河北郡木越・岩方村)代官職事落居事、〇四巻百六十三頁參照、

七日　除目執筆重有仰事、〇四巻百六十三頁參照、

足利義宣元服ス

九日　『〵』室町殿御元服事、〇四巻百六十四頁參照、

同禁色宣下事、〇四巻百六十四頁參照、

足利義教參議左近衞中將ニ任ゼラル

征夷大將軍宣下

十五日　小除目事、〇四巻百六十五頁參照、

『〵』左馬頭殿(足利義教、モト義宣)任參議左中將給事、〇四巻百六十五頁參照、

『〵』征夷將軍宣下事、〇四巻百六十五頁參照、

十六日　『〵』參賀室町殿事、〇四巻百六十五頁參照、

十八日　除目執筆祈禱事示付普門院(定我)事、〇四巻百六十六頁參照、

(2ウ)

廿一日　召大外記師世(中原)、問答除目間事ゝ、〇四巻百六十六頁參照、

義教改名ニ依リ人々教字ヲ憚リ改名ス

廿二日　北野一切經會事、○四卷百六十六頁參照、

『〵』依柳營御名字人〻改教字事、○四卷百六十六頁參照、

廿三日　除目執筆祈禱事、○四卷百六十七頁參照、

同請文今日獻之事、○四卷百六十七頁參照、

縣召除目執筆ヲ勤ム

廿四日　除目始事、候執筆事、　○四卷百六十七頁參照、

廿五日　同中夜事、○四卷百六十八頁參照、

廿六日　同入眼延引事、○四卷百六十八頁參照、

義教從三位ニ敍サル

廿九日　『〵』室町殿上階(從三位)宣下事、○四卷百六十八頁參照、

除目入眼事、○四卷百六十八頁參照、

卅日　『〵』人〻參賀室町殿事、○四卷百六十九頁參照、

四月

四月

一日　平座事、

六日　向安樂院、見禎首座(祥室周禎、中山親雅男、定親叔父)病躰事、

十五日　右大弁忠長朝臣(甘露寺)兼國書連之時、犯祖父(甘露寺兼長)名字、如何事、

「(行間補書)廿一日　賀茂祭事、　廿六日　八幡一社奉幣事、」

五月

足利義満追善ノ等持寺御八講今年ヨリ停止サル

五月

二日　『〱』鹿苑院殿(足利義満、應永十五年五月六日薨)御八講自今年停止事、

四日　『〱』爲小五月會御覽御(足利義教)下向坂本(近江國滋賀郡)事、

五日　『〱』同御出賀茂、御覽競馬事、

(3オ)十五[九カ]日　於仙洞(後小松上皇)有猿樂事、

六月

綾小路信俊薨ズ

足利義教女誕生ス

六月

一日　參室町殿(足利義教)事、

七日　祇園御輿迎風流不參內(後花園天皇)・院(後小松上皇)事、

十四日　同事、

十八日　『〱』前中納言信俊卿(綾小路)薨事、

廿二日　室町殿姫君誕生事、

叔母量光房沒ス

廿六日　依院仰催馬樂事尋中花山（定助）僧正事、
量光房（中山親雅女、定親叔母）逝去事、

廿九日　院御船事、

卅日　來月舞御覽被相觸事、消息、　○四卷百七十頁參照、

七月

七月

一日　依輕服（本年六月二十六日定親叔母沒）不出仕事、

山井景富卒ス

二日　大神景富（山井）死去事、

滿濟ニ家領代官ニ就キ使者ヲ送ル

四日　家領代官事三寶院（滿濟）有使者事、

七日　進草花於院（後小松上皇）事、

花山院長親薨ズ

十日　耕雲庵主（花山院長親、法名子晉明魏）入滅事、

十四日　參中山御墓所事、謁尼公（定親祖父中山親雅家女房）事、

細川持元卒ス

細河右京大夫持元（細川）死去事、遺跡讓持之事、

（3ウ）十七日　向勸修寺中納言（經成）山庄西院寺事、

一字一石經書寫ス

十八日　於同所一字一石經書寫事、

十九日　於仙洞泉殿被行御修法事、

稱光天皇一周忌佛事
廿日　（正長元年七月二十日崩）稱光院周忌御法事〻、

廿五日　『ヽ』院御冷事室町殿御頭事、

東大寺ニ怪異アリ
廿六日　東大寺十燈消事、
太神宮觸穢事、

八月

八月

日蝕
一日　日蝕事、
依三壇御修法以前無御祈事、
（足利義教）參室町殿事、
御憑事、

二日　任大臣節會爲白晝儀者宣命『。』『使』可練歩歟事、

三日　同次將作法ホ事、
近來白晝宣命使練歩哉否事、〇四卷百七十二頁參照、
尺奠事、

任大臣節會　四日　任大臣事、〇一條兼良轉左大臣、近衞房嗣轉右大臣、久我通淸任內大臣、四卷百七十四頁參照、

小除目事、

足利義教右近衞大將ニ任ゼラル

『〵』室町殿令任右大將給事、

『〵』人々參賀事、　『〵』武家垸飯事、

（4オ）

七日　來廿九日遷幸諸司廻文到來事、

八日　同內藏寮篇目注進事、消息、

舞御覽日次被觸事、消息、

『〵』室町殿八幡御詣供奉事飛鳥井少將（雅親）示合事、

十日　遷幸供奉事被相催事、

同御點交名事、

御帳臺就遷幸必可被新調哉否事、

十一日　『〵』室町殿可令補淳和・奬學院別當、仍彼院領可預給永豐（高倉）朝臣事、

十二日　駒牽可參陣之由、飛鳥井宰相（雅世）相語事、

『〵』少將雅親八幡御詣日可着平絹生單之由、示送事、

新宰相隆夏（油小路、正長元年十一月三日任參議）朝臣拜賀事、

雨皮持事、　無侍事、　無前駈事、

月蝕

十三日　新宰相隆夏、被示合韈可用平絹『。』『歟、』可用練貫歟間事、○四卷百七十三頁參照、

十五日　月食事、依三壇御修法以前、無內典御祈、有外典御祈歟事、

放生會事、

十六日　駒牽事、參陣、○四卷百七十四頁參照、

取綱拜作法用御記說事、

義敎石淸水八幡宮ニ詣ヅ

十七日　『乀』室町殿八幡御社參事、

十八日　『乀』人々參賀室町殿事、

十九日　仙洞(後小松上皇)舞御覽御習礼事、

(4ウ)

廿二日　遷幸御祈八社奉幣事、

遷幸幷內侍所渡御、御帳臺・御倚子ホ木作始ホ日時定事、

改元定被催事、消息、

廿三日　四辻宰相中將(季保)第舞御覽習礼事、

廿四日　舞御覽散狀書樣頭右大弁忠長(甘露寺)示合事、書樣、

後小松上皇舞御覽

廿五日　院舞御覽事、

改元定必可參之由、有勅（後花園天皇）定事、

廿六日　遷幸料內藏寮桶杓被催事、

廿九（八）日　遷幸日不可供朒御膳事、

廿九日　遷幸于土御門殿事、
土御門內裏ニ遷幸ス

九月

九月

二日　輕服（本年六月二十六日定親叔母沒）間改元定參陣、如何事、

改元定延引事、

四日　改元間事、

五日　『〽』改元定事、改正長二年爲永享元年、
改元　永享ト改ム

九日　平座事、

周禎（祥室、中山親雅男、定親叔父）首座入滅事、
祥室周禎寂ス

十一日　『〽』室町殿（足利義教）祇園・北野御參詣事、
足利義教祇園社竝ニ北野社ニ詣ヅ

十二日　被攻關東（足利持氏）間事、

（5オ）
十四日　『〽』室町殿日吉御詣供奉殿上人可用唐皮泥障之由、談合事、幷鞍覆事、

廣橋兼宣薨ズ

廣橋(兼宣、法名常寂)一位入道薨事、

被行軒廊御卜事、

義教日吉社ニ詣ヅ

十六日　『〻』室町殿日吉御參詣事、

女贈位宣下事花山院(持忠)談合事、

良濟寂ス

良濟僧都入滅事、

十七日　『〻』室町殿自日吉御歸京事、

女贈位宣下事、故大納言義嗣(足利)卿御母儀(攝津能秀女)幷室家(上杉氏憲女カ)事、

廿一日　『〻』室町殿春日御詣、女中幷僧徒下向間事、

廿二日　『〻』室町殿御下向南都事、

雖御拜賀(本年八月四日義教任右近衞大將)以前被召具隨身事、

義教春日社ニ詣ヅ

廿三日　『〻』同春日御詣事、

御共殿上人可帶劒哉否事、

除服出仕御教書到來事、

參院(後小松上皇)事、御連哥、

義教南都ヲ巡禮ス

廿四日　『〻』室町殿南都御巡礼事、

楠木光正誅セラル

參院事、

被誅楠木(光正)事、

廿六日　參院事、

義敎春日若宮祭ヲ見物ス

廿七日　春日若宮祭事、『〻』室町殿御見物、

靈夢

靈夢事、

(5ウ)

廿九日　『〻』室町殿自南都御歸京事、

十月

十月

一日　『〻』『〻』參室町殿(足利義敎)事、○四卷百七十六頁參照、

參院(後小松上皇)事、○四卷百七十六頁參照、

來廿日政始予爲御點事、○四卷百七十六頁參照、

平座事、○四卷百七十六頁參照、

二日　『〻』依春日御社參事人〻參賀室町殿事、○四卷百七十六頁參照、

政始可參由、御教書到來事、消息、○四卷百七十七頁參照、

依亥子參室町殿事、○四卷百七十七頁參照、

同參院事、○四卷百七十七頁參照、

豐原敦秋卒ス

豐原敦秋死去事、○四卷百七十八頁參照、

五日　花山院大納言(持忠)被示合役夫工行事上卿間事、○四卷百七十八頁參照、

七日　六位藏人着布衣可參院欤事、○四卷百七十九頁參照、

政始間事示合勸修寺中納言(經成)事、○四卷百七十九頁參照、

八日　造宮司請印日輕服(本年九月九日定親叔父祥室周禎寂)參議不可有憚事、○四卷百八十頁參照、

九日　三井寺佛光坊事申出女房奉書事、

參院事、

役外宮間事、

十日　三井殿事花頂(定助)請文到來事、」

○此間闕クカ、以下永享元年十一月記目錄ナリ、

十一月

(13オ)

正長二○モト異筆ナラン、

・新中納言(廣橋)親光卿復任幷除服宣下事、(廣橋兼宣、本年九月十四日薨)父四十九日也、不滿五旬、○三日條ナラン、

五日　參院(後小松上皇)事、

六日　向三寶院(滿濟)僧正房賀天王寺別當事、
御即位(後花園天皇)内弁依左府(一條兼良)故障被仰右府(近衛房嗣)事、
□〔八カ〕日　頭左大弁(甘露寺房長)送牙笏事、
□□　參院事、
□□　□□〔新　中カ〕納言親光卿重喪(本年九月十四日父廣橋兼宣薨)後始出仕事、
□□　□□字事、
□□　□□□有御着用御覧事、
□□　□□□獻請文事、消息、
□□　□□文事、消息、
□□　□□□丑不審事、
□□〔十日カ〕　□□□即位礼服事、消息、　○四卷百九十四頁參照、
(約五行分闕ク)

(13ウ)

(約五行分闕ク)
□□　□□□□〔事カ〕
□□　□□向、

□□□□事、

足利義教石清水八幡宮ニ參籠ス

〔廿四日カ〕□□□□『〽』依室町殿（足利義教）御參籠於八幡有舞樂事、有荒序、

□□

〔室町カ〕□殿同八幡還御事、

〔廿八日カ〕□□（稱光天皇皇女）□□院姬宮御着袴事、

十二月

〔十二カ〕□月　十二月〇モト異筆ナラン、

〔一日〕□　參室町殿（足利義教）事、

御卽位（後花園天皇）日時定可參陣之由、有催事、消息、〇四卷百九十五頁參照、

被出官司行幸御點事、〇四卷百九十五頁參照、

二日　御卽位內藏寮年預（藤井行富）調進物事、〇四卷百九十六頁參照、

六日　御卽位次將資益（白川）蒙催事、消息、〇四卷百九十七頁參照、

七日　院（後小松上皇）御粥事申沙汰事、〇四卷百九十八頁參照、

○此間闕ク、以下永享二年三月記目録ナリ、

永享二年三月

怪異アリ

(9オ)三日　參室町殿(足利義教)事、

老尼成蛇事、

足利義教石清水八幡宮ニ詣ヅ

九日　『〽』室町殿八幡御社參事、參賀事、

無公卿御共事、

十日　房宗僧正轉正事中沙汰事、

十六日　(中御門)俊輔卿大納言所望事御執奏事、

義教醍醐寺ニ渡ル

十七日　『〽』室町殿渡御醍醐事、

廿二日　(後小松上皇)院御樂事、

廿四日　室町殿御幸可相觸消息間事、

(土御門資家)大嘗會傳奏〻事始事、

廿六日　洞院前中納言(實熈、永享元年三月二十九日勅勘)勅勘之後、初參院事、

縣召除目

廿八日　縣召除目始事、

廿九日　同第二日事、

下臈候執筆、上臈參仕事、

四月

四月

一日　參室町殿(足利義教)事、〇四巻二百五十一頁參照、
參院(後小松上皇)事、

山科行有薨ズ

二日　民部卿行有(山科)卿薨事、〇四巻二百五十一頁參照、

七日　參詣春日社事、〇四巻二百五十二頁參照、

廿日　參内(後花園天皇)番事、〇四巻二百五十四頁參照、

堯仁法親王寂ス

(9ウ)

廿一日　堯仁法親王入滅給事、〇四巻二百五十四頁參照、

廿二日　大嘗會國郡卜定可參陣由、被催事、消息、〇四巻二百五十五頁參照、

内裏小番結改

廿三日　内裏被結改小番事、消息、〇四巻二百五十五頁參照、
　被定置法度事、〇四巻二百五十六頁參照、

大嘗會國郡卜定

大嘗會國郡卜定事、參陣、〇四巻二百五十八頁參照、

後小松上皇室町殿ニ御幸ス

廿八日　『〵』御幸室町殿事、無儀、〇四巻二百六十四頁參照、

廿九日　『〵』室町殿御院參事、〇四巻二百六十四頁參照、

五月

五月

一日　參室町殿（足利義教）事、

三日　依番參內（後花園天皇）事、

五日　參室町殿事、

九日　『〽』室町殿尊星王法結願事、無儀、

向廣橋中納言（親光）出請文事、禁制事歟、

大嘗會行事所始

十二日　大嘗會行事｡始事、（所）

廿二日　向前內府（洞院滿季）練習神樂事、

卅日　大嘗會卜食行事所移幷月次大祓事、

六月

六月

一日　參室町殿（足利義教）事、

十一日　『〽』室町殿御院（後小松上皇）參事、有猿樂、

弟中山有親七回忌佛事

十三日　故少將有親（中山、定親弟、應永三十一年六月十四日卒）七年忌事、

○此間闕ク、以下永享二年九月記目録ナリ、

九月

(10オ)
三日　自來十日花頂僧正(定助)於室町殿(足利義教)可修大法間事、

四日　御禊行幸(後花園天皇)日時定可參陣間事、
　永德度(三年十一月)五節所間事、

九日　參室町殿事、

十日　『＼』室町殿大法事、花頂僧正、　室町殿大法
　平座事、無儀、
　止雨奉幣事、

十一日　實雅朝臣(正親町三條)被誂五節童女下仕裝〔束〕□
　御禊行幸次將鞍具足事、
　同地檢次將事、
　例幣事、

十三日　御禊行幸內藏寮役事、

十四日　同供奉次將鞍事、

十六日　大嘗會御禊日時定事、
　　　　仙洞(後小松上皇)御樂事、
十九日　御禊行幸衞府督代定可參陣之由、被催事、
廿四日　御禊行幸裝束司雜事(ヽ之)始事、
廿五日　陪膳典侍(中山僚子、定親妹)御訪且到來事、切符案、
廿六日　御禊行幸侍從幷衞府督代定事、參陣、

細川滿久卒ス

廿八日　細河讚岐(滿久)入道死去事、
(10ウ)
廿九日　永德(三年十月二十二日)御禊行幸鹿苑院殿(足利義滿)有御供奉哉否、被尋問事、

十月

十月

一日　參室町殿(足利義教)事、
　　　少納言(東坊城、本年二月任少納言)益長拜賀事、
　　　平座事、
二日　御禊行幸(後花園天皇)御前次第司長官秀光(廣橋)卿借用衞府具事、
四日　御禊行幸御裝束沙汰事、

同供奉人御點事、

五日　『〵』室町殿御直衣始扈從所望事、

『〵』同御參宮可供奉之由、被仰下事、

六日　官司行幸可供奉之由、被催事、消息、〇五卷十五頁參照、

清暑堂神宴可參仕之由、被仰下事、消息、〇五卷十五頁參照、

七日　御禊行幸次第司着座事、無儀、

十三日　別當秀光、白張始事、

貢馬御覽

十四日　貢馬御覽事、

御禊點地事、無儀、

十五日　平胡籙故實者被尋仰事、

足利義教從一位ニ敍サル

十七日　『〵』(義教)依一品宣下參賀室町殿事、

(11オ)

十八日　藏人(裏松政光)右少弁左衞門權佐行幸供奉事尋事、」

十九日　清暑〔堂〕御神樂笛可奉仕之由、有催事、消息、〇五卷十六頁參照、

遣書狀於前內府(洞院滿季)之書礼事、

廿三日　於院(後小松上皇)內〻清暑堂神宴有御習礼事、

官朝所行幸　廿五日　行幸官廳朝所事、

『〻』右大將殿(義敎)一品御慶申事、扈從事、

大嘗會御禊　廿六日　大嘗會御禊事、

陪膳典侍(中山僚子、定親妹)出立事、　還御事、召仰沙汰事、

『〻』參賀室町殿事、一位御拜賀幷行幸御供奉事也、

廿九日　參內番事、

『〻』右大將殿令參院給事、於上臈局有一獻事、

十一月

十一月大

一日　參室町殿(足利義敎)事、

大嘗會檢校幷國司神事〻、〇五卷十八頁參照、

清暑堂神宴習礼事、〇五卷十八頁參照、

三日　清暑堂御神樂院(後小松上皇)拍子合事、〇五卷十九頁參照、

(11ウ)

六日　柯亭事被仰下事、〇五卷二十四頁參照、

大嘗會國司除目　七日　大嘗會國司除目事、〇五卷二十七頁參照、

八日　『＼』室町殿御參宮延引事、〇五卷二十七頁參照、　令羊〔葦〕穢日限事、〇五卷二十七頁參照、
＼室町殿御直衣始供奉殿上人裝束事、
一府將消息書樣事、〇五卷二十七頁參照、
大嘗會國司左中將信守（坊門）朝臣任權守（丹波）間事、中御門宰相（松木宗繼）尋間事、〇五卷二十八頁參照、

足利義教直衣始

九日　『＼』室町殿御直衣始事、〇五卷二十九頁參照、
御共近衞司帶劔不可然事、　雅永（飛鳥井）朝臣乘八葉車事、
勸修寺中納言（經成）乘八葉車、前駈前行事、　中納言ホ具前駈事、

十日　清暑堂御神樂室町殿拍子合可參事、

十二日　『＼』參賀室町殿事、御直衣始事也、
攝政（二條持基）亭大嘗會神膳習礼事、
於室町殿清暑堂御神樂拍子合事、

大嘗會行幸

十三日　參室町殿、昨日御礼也、

五節參入

十四日　行幸（後花園天皇）官司事、爲大嘗會也、

大嘗會敍位

十六日　五節參入事、
大嘗會敍位事、

参議二人候清書事、

十八日　依永徳例(三年十一月十六日)無童御覧事、

曳兩國(近江國・丹波國)標事、

(12オ)

十九日　右大將殿(義敎)令向攝政直廬給事、

行幸大嘗宮事、

辰日節會

辰日節會事、　清暑堂御神樂事、

廿日　關白(九條滿敎)被參右大將御直廬給事、

巳日節會

巳日節會事、

午日節會

廿一日　午日節會事、

還幸事、

別當(日野秀光)垂纓不帶弓箭供奉事、

廿二日　御笛返上事、

義敎後花園天皇竝ニ後小松上皇ニ大禮無爲ヲ賀ス

廿五日　『〳〵』參賀室町殿事、大礼無爲、

『〳〵』室町殿御參內・院事、大礼無爲御參賀、

廿六日　法親王達被參內事、申次事、

廿七日　大嘗會御調度御覽事、

十二月

十二月大

一日　參室町殿（足利義教）事、○五卷三十二頁參照、

七日　仙洞（後小松上皇）御粥事、○五卷三十三頁參照、

八日　可參小除目可參被催事之由、○五卷三十四頁參照、

九日　仙洞御粥事、『〻〻』室町殿御參事、○五卷三十四頁參照、

（12ウ）

十二日　左中將定長朝臣（土御門）尋問万機旬間事、○五卷三十五頁參照、

十三日　向前內府（洞院滿季）許雜談事、○五卷三十六頁參照、

內侍所御神樂

十四日　內侍所御神樂事、奉仕笛事、○五卷三十七頁參照、

等持寺御八講

十五日　等持寺御八講第二日事、參入、○五卷四十一頁參照、

十八日　大嘗會女敘位執筆事奉勅定（後花園天皇）事、○五卷四十二頁參照、

十九日　同事蒙催事、有消息、請文、○五卷四十二頁參照、

萬機旬

廿一日　万機旬事、○五卷四十三頁參照、

廿五日　女敘位間事、○五卷四十四頁參照、

公卿分配可參陣事、〇五巻四十四頁參照、

大嘗會女敍位執筆ヲ勤ム

廿七日　『〵』室町殿御參內・院事、〇五巻四十五頁參照、
大嘗會女敍位事、候執筆事、〇五巻四十五頁參照、

足利義教室日野宗子從二位ニ敍サルルヲ賀ス

卅日　『〵』參室町殿、賀申上御方（日野宗子、敍從二位）御加階事、
參議雅世（飛鳥井）卿任權中納言事、　資親（日野）朝臣補藏人頭事、　參議宗繼（松木）卿兼任左大弁事、

永享三年

(1オ) 同（永享）三年辛亥、　參議正三位行左近衛權中將兼近江權守（中山定親）卅一歲、

正月

正月小

一日　參內（後花園天皇）番事、依節會日不着直衣着衣冠事、或先着直衣、臨剋限改束帶有例、
節會事、參陣儀、委細、〇五巻四十六頁參照、
院（後小松上皇）御藥事、

二日　院御藥依御小瘡無出御事、

三日　同前、

四日　參室町殿(足利義教)事、

山科家豐薨ズ

參議家豐(山科)卿卒事、

敍位

五日　敍位依御衰日延引事、

六日　敍位議事、〇五卷四十七頁參照、

七日　定長(土御門)朝臣問雨儀敍列事、

節會事、雨儀事、

內弁(一條兼良)被用異說事、

十日　參賀室町殿事、如例、

弔山科宰相(家豐)後家事、

足利義教參內ス

『』室町殿御參內事、參會事、

十一日　仙洞猿樂事、『』室町殿御參、」

(1ウ)

十三日　仙洞御連哥事、

十四日　『』室町殿御參宮可供奉之由、被仰下事、　參院事、

十六日　節會事、　不審事等、

廿八日　室町殿御院參事、

二月

二月小

一日 參室町殿《足利義教》事、

春日祭事、

四日 『〽』室町殿八幡御詣事、無扈從公卿、

足利義教石清水八幡宮竝ニ六條八幡宮ニ詣ヅ

五日 始伊勢詣神事〻、○永享三年辛亥記ハ四日トスル、

新中納言雅世卿（飛鳥井、永享二年十二月三十日任權中納言）拜賀事、

七日 『〽』參宮進發事、

十一日 『〽』參御宿所入見參事、

十二日 『〽』御參宮當日事、

義教大神宮ニ詣ヅ

於内裏女官《後花園天皇》遂產事、

十六日 『〽』人〻參賀室町殿事、依御參宮無爲事也、

女官出產ス

十七日 縣召除目執筆事蒙催事、申故障、

廿二日 左少將兼重《楊梅》依·頓產女官夫、被沒收所領賜爲清朝臣《五條》事、

三月

三月大

(8オ)
一日　依腹病不出仕事、

三月大

四日　有重(土御門)送上巳祓事、

五日　四条(油小路隆夏)宰相被催一切經會。故障請文案事、幷御教書、　○五卷四十八頁参照、

月輪(尹賢)宰相來望受除目執筆諷諫事、

六日　母堂(土岐満貞女、定親母)御不例事、

北野一切經會導師事被仰忠慶僧正事、

十一日　石清水臨時祭記一卷建久五三長兼(藤原)記、借送中御門大納言(俊輔)事、

石清水臨時祭記
長兼記

同祭傳奏被仰勸修寺中納言(經成)事、

上皇(後小松上皇)御出家奉行院司沙汰事、

万大將軍(足利義教)御氣色不快事、

足利義教萬事不快ナリ

十二日　除目執筆沙汰事、

十三日　加賀茂祭女使可沙汰由、蒙仰事、辭申、

後小松上皇出家
(8ウ)
縣召除目

十四日　同事重有仰事、
十六日　院女房達一獻申沙汰事、
十七日　同男申沙汰事、
廿日　除目入眼被催事、下﨟執筆(松木宗宣)、上﨟清書、如何事、
上皇御出家日可參由、有催事、消息書様、
廿四日　上皇御出家事、有儀、○五巻四十九頁參照、
廿六日　除目始事、○五巻五十頁參照、
廿七日　同第二夜事、參議依無人俄參陣事、○五巻五十頁參照、
廿八日　依院御衰日除目入眼事、(脱アルカ)
廿九日　除目入眼事、有聞書、參陣事、

四月

四月小

一日　參室町殿(足利義教)事、
四日　未拜賀職事(鷲尾隆遠、本年三月二十九日補藏人頭)奉行諸社祭事、兼日儀也、
七日　夏間雖小門修理可相憚歟事、

九日　『〳〵』來廿八日ホ持寺結緣灌頂被催事、有消息、　○五卷五十二頁參照、
　　　『〳〵』自來廿二日同御八講被催事、有消息、　已上室町殿御母儀卅三廻、（藤原慶子、義教母、勝鬘院、應永六年五月八日沒）　○五卷五十二頁參照、
十日　藏人頭奉貴僧書礼事、○五卷五十三頁參照、
十三日　警固召仰事、

賀茂祭

十五日　賀茂祭事、
　　　典侍（中山僚子、定親妹）出立事、

內裏小番ニ就キ新法ヲ定ム

十九日　內裏小番新法被相觸事、○五卷五十四頁參照、
　　　藏人頭（隆遠）拜賀幷臨時祭間事、

○後闕ク、

」

大日本古記録 薩戒記 別 巻

2019 年 3 月 27 日　第 1 刷発行

編纂者　東京大学史料編纂所

発行者　岡本 厚

発行所　株式会社 岩波書店
〒101-8002 東京都千代田区一ツ橋 2-5-5
電話案内 03-5210-4000
http://www.iwanami.co.jp/

印刷・精興社　製本・松岳社　函・加藤製函所

ISBN978-4-00-009988-2　Printed in Japan